KAWAKITA MINORU
川北稔
陳令嫻——譯

8050問題の深層：「限界家族」をどう救うか

80/50
兩代相纏的家庭困境

書中主要專有名詞

- **地區綜合支援中心：**行政單位。以高齡者為援助對象，提供長照諮詢。
- **自立諮詢支援窗口：**行政單位。以生活貧困者為援助對象。主要位於「福祉事務所」中，多半名為「生活與工作諮詢中心」。
- **地區繭居支援中心：**行政單位。以繭居狀態者為支援對象。附屬於醫療院所「精神保健福祉中心」，多半名為「心理健康諮詢」。
- **地區青年支援站：**行政單位。以三十九歲以下青年為援助對象，提供就業輔導。二〇一七年起排除繭居狀態者。
- **社會福祉協議會：**民間組織。依據《社會福祉法》第一〇九條成立，提供地區社會福利服務，扮演政府與民間社福團體、機構間的重要溝通橋梁。
- **KHJ全國繭居狀態者家屬會聯合會：**非營利法人。以繭居狀態者之家屬為援助對象。

推薦序

すいせんのじょ

推薦序——把自己藏得太久的人

人是群居的動物，然而人同時也是一座孤島。偏好群居或獨處，與個性有關，有人天生是合群的羊，也有人從小就是孤獨的狼。不管是羊是狼，如果能夠自力更生，怡然自得，不會有人在意，就怕無法養活自己，或者心理上倚賴別人，那麼如果剛好屬於足不出戶的族類，就會被視為繭居族。

離群索居自古就是一個相當普遍的行為，也因此產生了許多出名的隱士，比如不為五斗米折腰的陶淵明。事實上因職場挫折而返鄉蟄居的陶淵明，如果身邊多個老父或老母，幾乎就符合現代繭居族的定義了。當代最有名的隱士則是俄羅斯數學家佩雷爾曼（Grigory Perelman），他在二〇〇二年證明了著名數學難題「龐加萊猜想」，並於二〇〇六年獲頒費爾茲獎（Fields Medal），但他早在二〇〇五年就從美國回到俄羅斯聖彼得堡，與老母蝸居在老舊公寓裡，從此沒人知道他的下落。一位臺灣八、九〇年代著名女歌手，進入兩千年後突然從歌壇消失，據說與老母相依為命，早已不問世事，甚至拒絕任何訪問，或許也成了繭居族。

繭居族的議題在日本已經談了許久，一般都以為這類人多數是愛打電玩、沉迷網路的啃老族，其實愈來愈多的繭居族是四、五十歲中年人，他們與七、八十歲老父老母同住，沒有其他家人，因此形成了繭居與長照的雙重問題。這類組合在日本高達數十萬，於是媒體以「八〇五〇問題」稱之，這本《80/50兩代相纏的家庭困境》便是一本探討此一新興議題的專書。

何以有人把自己藏在家裡，日日月月足不出戶？《80/50兩代相纏的家庭困境》從生理、心理、社會三方面來探討，而這也是精神醫學常用的分析架構。以生理因素來說，乃因罹患精神疾病，導致生活功能下降，社交退縮，無法就學或工作；心理因素是指在學校或職場遭受挫折，難以適應，只能回到家庭這個最後的避風港；而社會因素主要帶來「維持效應」，也就是退縮在家後，如果家人沒有鼓勵他們振作，重新出門，或者欠缺公共資源可以求助，那麼他們便從此把自己藏了起來，與世隔絕，成為名副其實的繭居族。

在臺灣，最常出現老父老母與中年子女相依為命的場合，應該是精神科診間。思覺失調症、妄想症、情感性精神病如果治療效果不佳，患者也沒有參與社區復健活動，就會退縮在家，由父母照顧。精神病通常在年輕時發病，這時雙親尚可負荷，幾十年後爸媽老了，甚至失智了，仍得照顧子女，便會出現「八〇五〇問題」。進到他們家中常會發現內務凌亂，餐桌上擺著過期的食物，空氣裡浮泛著死寂與陳腐的氣息。這類「八〇五〇」組合愈來愈多，需要社政與長照單位共同配合，才能改善他們的生活品質。此外，憂鬱症如果反覆發作，或者慢性化，也可能導致社交退縮，這時應檢討治療策略，改善情緒症狀，患者就會走出家門。

兒少拒絕上學的比例在臺灣約為三％至五％，有些乃因遭受霸凌，有些則是過度焦慮或憂鬱。在中小學階段，學校會積極家訪，安排就醫或輔導，但到了大學，如果問題仍然存在，便可能退縮在家，沒人叫得動。這類年輕人在臺灣日益增加，值得重視。此外，年輕人的就業環境不佳，不少人嫌低薪又沒成就感，嘗試幾次便放棄工作，形成了另一種「不為五斗米折腰」。

在過去，年輕人無業在家太久，爸媽養不起便會趕人，但現代社會經濟富裕，家裡多一雙筷子算不了什麼，加上少子化趨勢，孩子都是寶貝，既然無法適應職場環境，就不勉強了。日本從幾十年前就出現這樣的現象，臺灣也會愈來愈多。網路時代到來，在家上網或玩遊戲，餓了就吃外送，更不用出門。既然不必出門，也不會在乎日出日落，因此繭居族多半作息顛倒，讓身心狀態更加惡化。在日本，有專門單位受理繭居族扶助事項，但有些父母羞於啟齒而不願求助，顯然繭居族也有汙名化的問題。

臺灣社會目前對於繭居族尚未特別重視，尤其是中年繭居族，沒有任何專書討論此一議題，但隨著人口老化與無業在家的年輕人愈來愈多，勢必步上日本後塵。《８０／５０兩代相纏的家庭困境》這本書廣泛蒐集日本實際案例，詳細剖析形成原因，也提出處理對策，相當值得臺灣社會參考。

精神科醫師／沈政男

推薦序——破「繭」而出的新家人關係

「繭居」「啃老」不是新議題，謝謝本書在臺出版，讓我們更有系統地認識到，子女沒有順利獨立離家生活的家庭永遠潛藏著風險，而父母晚年照顧問題可能使問題變得更棘手。

五年來，我在服務過程中看到許多難以解釋的現象。被照顧的父母與擔任照顧者的成年子女彼此埋怨、互相折磨，甚至暴力相向，卻又緊緊依賴、無法分離。按照子女的說法是「自己捨棄了一切回家照顧爸媽」；但在其他手足或父母眼中是「他在外面混不下去」，才以回家照顧來託辭。

當專業人員試著導入政府長照服務，引導兩方思考稍微拉開距離、改善彼此關係與照顧品質時，子女往往不若期待中積極，而父母也是，口頭上抱怨，卻也不放手。究竟是照顧還是啃老？恐怕連當事人自己都說不清楚。

本書讓我們看見了這種「繭居共生」的複雜性，不只是個人、家庭因素，還有時代因素，相較於七、八十歲的父母輩，子女世代的經濟狀況更為脆弱，導致就業、成家困難，無法獨立的「成年兒童」愈來愈多。然而，思想未隨著環境調整，「家醜不可外揚」的刻板觀念，加深兩代相纏的困局。

令人佩服的是，本書作者不僅直指問題核心，提出具體做法與政策建議，也有溫柔的提醒與關懷——「繭居本身不是疾病也不是偏差行為，而是梳理本人與家屬煩惱的契機」，這讓身陷泥淖的家庭都能鬆一口氣，找到向外求助的正當性。

對一般讀者而言，本書不斷提醒兩代之間都要有所警惕，致力往獨立的目標發展。**無法獨立，可能是父母過度付出，也可能是子女需索無度所造成。親子相處模式應隨著社會變遷而調整，重新思考適合雙方的親密程度。**

對專業人員或政策制定者而言，本書更像是一記當頭棒喝——錯誤的政策，導致繭居問題變得更嚴重。日本成人繭居問題其實源於一九九〇年代，是政府對於青年失業問題處理不當的遺毒，再加上日本社會過度僵化的個人「常軌觀」：求學、就業、結婚、生子循序漸進發展，讓脫軌者受到社會排擠或歧視，而國家也缺乏相關支援的福利制度，導致繭居者與家人更退縮、封閉。

日本已發展出「地區繭居支援中心」「KHJ全國繭居狀態者家屬會聯合會」等相關服務，其重點都是鼓勵家庭增加依賴對象，特別是公共服務，不要把所有壓力放在單一家庭。臺灣雖尚未有類似組織，但民間團體逐漸意識到**「封閉是家庭崩潰的高風險因子」**，在多起照顧悲劇事件中也有類似發現。本會中華民國家庭照顧者關懷總會近年來倡議「長照新家人關係」，鼓勵家庭多多利用長照資源，以專業人員替代無法照顧的血緣家人，也有異曲同工之處。歡迎您利用0800-507272家庭照顧者關懷專線，與我們聯繫。

當社會不再將「繭居」歸咎於個人的失誤或不幸，展現更多的理解與接納，家庭才可能走出來。當國家開始意識到「繭居」是人口結構變遷下的必然，願意以集體之力共同面對，不再作繭自縛的新世界才可能實現。

中華民國家庭照顧者關懷總會祕書長／陳景寧

編序

へんしゅうぜんき

編序——臺灣「高風險家庭」

正如本書推薦人沈政男醫師在序文中提到，臺灣社會尚未普遍意識與正視所謂的「八〇五〇問題」，然而實際上又是如何呢？「七〇四〇問題」、「八〇五〇問題」，甚至「九〇六〇問題」是否離臺灣並不遙遠，甚至正悄悄發生在你我的周圍呢？

為此，本書編輯團隊特地進行小型的田野調查，透過筆談或電訪等方式，邀請臺灣受訪者分享自身經歷。以下針對這些可能潛藏著高風險的家庭，簡述繭居狀態者的真實情況與家屬的沉痛心聲。

個案1　受訪者：Linda（化名，三十多歲）

Linda生長在一個重男輕女的傳統家庭。她是家中長女，有一個小她十來歲的弟弟（二十多歲）。弟弟在二十歲那年和女友先有後婚，婚後一家三口住在老家。這對小夫妻並無穩定收入，主要倚靠男方父母（皆六十多歲）的經濟援助。弟弟幾乎成天窩在房間裡，與家人朋友的互動甚少，也無意找工作。

從小父母對身為長女的Linda抱持高度期待，總是對她耳提面命：要出人頭地、要賺大錢，才能讓爸媽過上安穩的養老生活，更要負責照料弟弟一家人，即使他已經「成家」。

被迫接手照料無業的手足

「我們當年也是辛辛苦苦把妳養大的，今天妳有能力有成就，不是要多多幫忙一下家裡嗎？不要這麼自私，以前我們就算賺再少也會給自己爸媽孝親費啊。」

「弟弟年紀輕輕就生了小孩，他老婆也要專心帶孩子。現在我們都年紀一大把了，妳不多幫忙分擔一點，我們兩個老的哪還有能力再出去賺錢呢？」

Linda在職場上是外商公司的百萬業績王，在網路上是人見人愛的直播主，在家裡則是卸下頭銜與光環的灰姑娘。年近七十、已經退休的年邁父母時不時就「提醒」她：「弟弟還『小』，妳就多多照顧他、讓著他吧！」誰知道父母口中的「年幼弟弟」今年也快三十歲了，由於老來得「子」，父母對他百般寵溺，然而同為孩子的「她」卻要一肩扛起養家的責任。

在這個家，Linda養的不只是自己和父母，還有弟弟一家三口。她說在經濟和心理上已經難以負荷，有種隨時都會倒下的感覺，一想到自己的處境，總是不自覺地流下眼淚。她嘗試過幾次心理諮商，也思考是否該服用精神科藥物，好讓自己勉強持續這樣的高壓生活。

個案Ⅱ　受訪者：智維（化名，三十多歲）

智維是家中獨子，原本希望大學能就讀與自己熱愛的畫畫領域相關科系，但在原生家庭的期待下，他硬著頭皮念了不擅長的科系，畢業後也遲遲找不到父母（皆六十多歲）心中的「理想工作」。漸漸的，他把自己關在房間裡，也鮮少踏出家門。

父母的殷切期盼，成為孩子的沉重枷鎖

「你讀這個將來沒有出路，認真一點考上醫學院才能賺大錢。」

從小喜歡畫圖的智維並不是讀書的料，但仍聽從父母的「建議」，認真念書、考試。他一直告訴自己：要把學業擺第一、興趣放最後。後來考不上醫學院，家人硬是幫他填選社工系，要他畢業後去考公職社工師。

沉悶的大學四年生活結束，畢業後的智維頓時迷惘了起來，眼看著同儕們各個投入職場，有的似乎做得有聲有色，而自己卻還在高考的路

上埋頭苦讀。內心感到自卑的他，開始與朋友漸行漸遠，拒絕參與所有社交活動，甚至幾乎斷絕與外界的聯繫。

一年過去，智維重拾最愛的畫筆，在畫布上抒發情緒。

「畫畫當興趣就好，快去念書！你都賴在家一年多了……」

一年、三年、五年……智維既考不上社工師，更找不到人生方向，偶爾硬逼自己去打打零工，然而每個工作都做不滿一個月，不是無故曠職，就是表現不好而被開除，最後不了了之。他養不起自己、養不起家，更毫無餘力好好「生活」，就這樣在經濟上倚賴父母多年。他努力壓抑自己，繼續當個「乖小孩」，希望有朝一日能達到父母的期望，卻又一再地讓他們失望。

「我覺得我快不行了。」智維說自己宛如行屍走肉。

個案III　受訪者：愛咪（化名，四十多歲）

愛咪原本在廣告公司擔任美術設計，二十九歲時與剛認識不久的年長男友（五十多歲）結婚，婚後陸續生了兩個小孩。由於老公長期無業，為了兼顧家計和育兒，她辭去正職工作，轉為接案的自由工作者，當起這個家的支柱。

後來老公中風，由她負責照料，還要顧孩子，並陸續向身邊所有人借錢，直到一個人也聯繫不上……

當家庭失能，我們還剩下什麼？

愛咪曾在知名廣告公司任職美術設計小主管，雖然工作強度大，卻是她喜愛的領域，全心投入且富有熱忱，做得十分起勁也有成就感。

愛咪的原生家庭並不溫暖，父母終日爭吵，偶爾也對她暴力相向。隨著年近三十，她開始急著找個伴組織「自己的家庭」，好讓父母和親友對她刮目相看，她也認為這是成為人生勝利組的證明。然而，她的這位伴侶在大家眼中卻是個不折不扣的「渣男」，不僅無業，也無意找工作來減輕家庭負擔。

據愛咪所說，老公婚後沒多久即失業，信心大受打擊，情緒相當不穩定，終日在家酗酒。某天突然中風癱軟在地上，此後更是不再與外界有所聯繫。兩人的互動關係也因此愈來愈緊張，男方不時口出惡言或摔東西洩憤，她仍然不忍心責備老公，就這樣持續了多年。雙方父母的經濟條件並不寬裕，更沒有餘力給予任何支援。

隨著負擔一日比一日沉重，愛咪打開所有通訊軟體，除了向人訴苦之外也伸手借錢，卻不曾還過。有朋友勸她去找社工商量，她擔心房東看到社工會懷疑她付不起房租，把全家趕出去。久而久之，周遭朋友一個個離她而去。

電訪過程中，愛咪滔滔不絕說起自己的故事，不時強調對老公的愛勝過一切。「對了，你可以借我一萬嗎？五千也可以。」這是結束電訪前她的最後一句話。

＊＊＊

專訪過程中，代為父母照料無業弟弟的長女Linda、陷入憂鬱而自我封閉的獨子智維，以及負擔家計並承受配偶暴力的家中支柱愛咪，都表示聽過「繭居」一詞，但並不了解定義和細節，更別提向外訴說家中情況和內心壓力。他們無法想像「未來」，甚至連能否撐過今天都不曉得。他們長期深陷疲憊、焦慮、自責、羞愧的情緒，以及無底洞的恐懼之中，宛如被反覆的自我厭惡與深邃的黑暗所吞噬。

序言

はじめに

嚴重衝擊社會的兩大事件

二〇一九年五月二十八日早晨，出現一名男子（五十多歲）雙手持刀，攻擊正在神奈川縣川崎市多摩區登戶站附近等校車的小學生。突如其來的事件導致一名小學六年級的女孩和另一名送小孩上學的男子死亡，傷者多達十八人。

該起事件發生四天後，也就是六月一日，住在東京都練馬區的男子（四十多歲）抱怨「附近小學運動會很吵」，並在家中大吵大鬧，其父親（七十多歲）因而持菜刀攻擊男子胸部等處，送醫後確認死亡。父親接受偵訊時向搜查相關人士表示，兒子曾經對家人施暴，又和川崎市隨機殺人事件的加害人一樣有繭居傾向，擔心兒子鑄下相同大錯，因此痛下毒手。

媒體報導川崎市隨機殺人事件的加害人和練馬區殺人事件的受害

人都近乎「繭居」的狀態，引發大眾熱議。然而在此想提醒大家，繭居與事件其實並沒有「直接」關係，尤其是發生於川崎市的是隨機殺人事件，在殺人案件中屬於特殊案例。事件發生後沒多久，筆者出席ＮＨＫ的節目《週日討論》（六月二日播放）時提出相同觀點，表示這些事件的起因無法輕易歸結於單一理由。究竟發生過哪些事情助長了嫌犯的暴力傾向、個人的人格與事件又有何關係，都有待分析與釐清。

中高齡繭居狀態者的現況

事件發生之後，許多家長紛紛湧向協助家有繭居子女的支援團體和窗口，尋求諮詢。

一對年邁的父母表示：「我不覺得自己的孩子會犯下像川崎市隨機殺

人事件那樣的可怕案件，不過因為媒體一直在報導，所以我想趁著這個機會來諮詢。」和他們同住的兒子四十多歲，未婚無業。

大多數父母都無法想像練馬區殺人事件中的父親怎會忍心對孩子下手，卻也有部分家長悲痛傾訴：「我們不知道怎麼跟其他人講起兒子的問題，就這樣過了幾十年……」他們不知道該找誰商量，也沒辦法說出子女繭居在家一事，於是逐漸與外界失去連結，變得孤立無援。大多數家有繭居兒的父母或許在練馬區殺人事件的父親身上看見自己的影子。

內閣府（相當於臺灣的行政院）在事件發生前約兩個月，也就是二〇一九年三月發表關於繭居的統計結果，推估全日本四十歲以上繭居者超過六十一萬人，甚至多於青壯年。這是中央政府第一次調查中高年繭居者，終於釐清繭居人口的部分情況。內閣府參事官北風幸一表示：「人數之多超乎想像，由此可知繭居並非年輕族群特有的現象。」調查結果明顯呈現繭居狀態長期化與繭居人口高齡化的嚴重程度。

高齡化、不婚化，以及八〇五〇家庭

其實站在第一線，協助繭居者與其家屬的支援人員早就知道，家中有中高齡繭居子女的父母是多麼不安與煩惱。根據各地地方政府的調查，從二〇一三年起出現愈來愈多四十歲以上的個案。

川崎市隨機殺人事件的加害人與伯父母同住。伯父母是在申請長照服務之際，才向行政窗口諮詢姪兒的繭居問題。**八十多歲的年邁父母與五十多歲無業或處於繭居狀態的子女同住，導致家境貧困或社會網絡日益薄弱，孤立無援——日本把這種社會問題稱為「八〇五〇問題」**。筆者視八〇五〇問題為高齡家長與中年子女同住所產生的社會問題，聚焦於這些因為子女年過四十而失去社會支援的家庭。

咸認日本人口老化會持續到二〇四〇年，不婚化的傾向似乎也會一路延續到相同時期。與外界失去連結，社會網絡薄弱的家庭日益增加，已經是不容忽視的現實。

從社會學角度與第一線支援人員互相對話，探討繭居問題

筆者從二〇〇一年起活用文部科學省（相當於臺灣的教育部）提供的科學研究費補助事業等專案，持續從社會學的角度研究繭居相關支援。

調查繭居的實際面向與進行支援第一線的田野調查時，發現家有繭居子女的父母所面對的問題——**「究竟該背負為人父母的責任到幾歲？」「孩子應該何時離家自立？父母又該何時放手？」**這些問題其實和一般家庭大同小異。如今，親子關係隨著現代人的壽命延長，相關問題也隨之多元化。家庭面對無法解決的問題而瀕臨崩潰極限一事，既不是轉眼即逝的新聞，也不是異乎尋常的案例。

本書分為四章，前兩章說明八〇五〇問題的現況，後兩章尋找解決問題的線索。對實際支援對策有興趣的讀者，建議從第三章開始讀起。

第一章首先說明閱讀本書所需的繭居相關基礎知識，著眼繭居子女進入中年時家長的心理狀態。親子關係惡化、「養不教，父之過」的育兒意識、支援體系缺陷等多重問題，導致家有繭居子女難以向外人道。

第二章介紹八〇五〇家庭的各式個案。有些父母因為子女繭居在家而拒絕接受長照服務或援助，有些子女則在父母進入長照機構或過世後，斷絕所有社會網絡。之所以日益疏離孤立、離群索居，不僅是因為繭居，而是多重問題累積而成的結果。

第三章介紹繭居支援的標準流程，同時深入探討現今支援體系所面臨的課題。既有的援助方式包括「就業輔導」與「建立歸屬型支援」，然而現在更需要的是彙整所有需求的「陪跑型支援」。

最後一章討論繭居者與其家屬的煩惱，以及第一線人員協助個案時遇上的困難。這些問題代表現有的家庭觀念已經過時，政府制定政策時不能再以既定觀念為前提。

這個社會沒有解決所有繭居問題的萬靈丹。第三章與第四章都收錄了位於愛知縣的非營利法人「柳橙之會」代表山田孝介於第一線的援助實況，並親自提筆描述繭居者、其家屬，以及負責援助的相關人士所遭遇的糾葛與衝突。他的援助方式正是不同於過往的「陪跑型支援」。大家可以透過這些個案了解何謂陪跑型支援。

如何克服八〇五〇問題？

日本人口結構從一九九〇年代起面臨高齡化與不婚化，大幅改變了原有的家庭樣貌。**上個世代的理想家庭範本與親子關係早已在現代社會無法立足，社會大眾對家庭的期盼反而更為高漲。**練馬區殺人事件顯示家庭問題往往難以向外求援。無視社會環境變遷，拘泥過去的家庭形式可能導致社會網絡更為薄弱，最後孤立無援。

與外界失去連結、疏離孤立，可能發生在任何人身上。為了避免自己與家人的精神、體力或經濟透支崩潰，所有人都應該重新審視家庭現況，學習在新時代生存的智慧。書中提到的「極限家庭」一詞，指的正是在精神、體力、經濟狀況都瀕臨崩潰邊緣，卻缺乏社會網絡，無法獲得周遭援助，只能仰賴家人彼此支持的家庭。

日本在二〇一九年更換年號，踏入名為「令和」的新時代。新時代才剛拉開序幕，便發生兩起衝擊社會的悲劇。再重申一次，事件本身和繭居問題並無直接關係，而是家庭長期以來的孤立無援透過事件浮上檯面，這也不是特定人士才會遇上的煩惱。

社會大眾該如何對這些孤立無援的家庭伸出援手呢？身為「家長」或「子女」又該如何扮演好自己的角色呢？筆者想與拿起本書的讀者一同思考這些問題。

目次

もくじ

80/50兩代相纏的家庭困境

はちじゅうごじゅうもんだい

目次

Contents

006 【推薦序】把自己藏得太久的人——沈政男

011 【推薦序】破「繭」而出的新家人關係——陳景寧

018 【繁體中文版編序】臺灣「高風險家庭」

序言 はじめに

028 嚴重衝擊社會的兩大事件

029 中高齡繭居狀態者的現況

031 高齡化、不婚化，以及八〇五〇家庭

032 從社會學角度與第一線支援人員互相對話，探討繭居問題

034 如何克服八〇五〇問題？

第一章

育兒生活看不到盡頭

終わらない子育て

繭居問題總是關上門解決 048
何謂「繭居」？ 049
日本的繭居人口超過一百萬人 051
繭居狀態形形色色 053
繭居的原因與期間 054
工作經歷與家庭結構 059
繭居的背景 061
開始繭居之際 064
【個案1－①】女兒因為母親的一句話而受傷／後悔過去的育兒方式 066
【個案1－②】兒子求職失敗／確診為發展障礙 070
家長的心理導致繭居問題遲遲無法解決 074
家屬會調查 077
僵化的親子關係 079
遭受子女的言語或肢體暴力 082
父母因為子女繭居而感到羞愧 083
支援窗口的問題 085

痛苦的諮詢經驗 087
思考自己死後的子女生活 088
父母究竟要當到幾歲？ 090
育兒沒有盡頭所招致的後果 091

第二章

社會網絡薄弱日漸普及與八〇五〇問題

ひろがる社会的孤立と8050問題

引進長照服務時發現有人孤立無援 096
繭居與拒絕長照服務導致雙重孤立 097
銀髮族諮詢中心接到的諮詢有八成是：「該拿沒工作的孩子怎麼辦？」 099
【個案2－①】照護成為與外界接觸的契機 101
【個案2－②】親子雙方都拒絕支援 102
造成外人難以介入的背景 103
難以區分是否為繭居 105
「可能陷入孤立無援」的家庭 106
終身單身率節節高升與不離家獨立 108
可能導致全家一起垮的經濟因素 111

113 第二次嬰兒潮世代與非勞動力人口的比例
115 任何人都可能陷入孤立無援
117 全家一起倒下引發的棄屍事件
119 鄰里的角色是發現孤立無援的家庭
120 接納所有人的支援窗口
122 造訪支援窗口的年邁母親
124 窗口過去經手的繭居個案
126 錯過諮詢階段的家庭
127 【個案2－③】腳踏實地建立信賴關係
129 【個案2－④】「領低收入戶補助還不如死了算了」
130 【個案2－⑤】錯過支援時機
132 支援獨自留在家中的繭居狀態者
133 個人隱私與介入支援
134 支援人員的難處
135 本人與家人都並未察覺自己的困境
136 如何支援繭居狀態者與八〇五〇家庭？

第三章

繭居支援的線索

ひきこもり支援の糸口

針對無業或繭居狀態者的支援 140
代表性諮詢窗口 141
【個案3－①】支援端向心急的父母提出建議 143
階段性支援體系 144
【個案3－②】建立歸屬型支援協助案主與同儕重建關係 147
【個案3－③】透過就業輔導了解自己的專長與弱點 148
【個案3－④】藉由醫療恢復身心穩定 150
針對身心障礙者的制度與福利 151
支援體系的極限①——年齡造成的「斷裂」與「障礙」 152
支援體系的極限②——就業輔導的對象範圍縮小 153
支援體系的極限③——拒絕心理諮商 155
支援體系的極限④——家屬身心俱疲 156
目前的制度無法避免支援中斷 158
【個案3－⑤】根據家屬給予的資訊接近案主 159
必須提供資訊與選項 161

163 擴大繭居狀態者接受支援的機會
164 突破過去支援體系的嘗試①——就業輔導
167 突破過去支援體系的嘗試②——生活支援
169 建立關係、守護、介入
170 支援單位緊密合作促成多方支援
171 【個案3－⑥】陪同前往獸醫院
173 【個案3－⑦】契機是提供食物
175 從解決日常生活的煩惱開始
176 何謂「接受支援的能力」？
177 提升接受支援的能力
179 結合體制內與體制外的支援
183 【支援個案A】繭居原因／繭居情況／支援方式／支援端分析
188 【支援個案B】繭居原因／繭居情況／支援方式／支援端分析

第四章

如何拯救瀕臨極限的家庭？

限界家族を
どう救うか

198 不想給旁人添麻煩
199 家庭規模逐漸縮小，結構日益脆弱
200 對於家庭的期待高漲
202 重視子女的家庭主義
204 親子關係長期化
205 子女何時獨立？父母何時卸下育兒重擔？
207 隱性貧困
210 不想給孩子添麻煩卻又放不下
212 為何這些家庭陷入封閉狀態？
214 社會開始以育兒為優先
217 平成時代家庭所面臨的矛盾
219 既有的支援體系所面臨的極限
222 「復原」的概念
223 何謂「多方支援家屬」？
225 全方位蒐集資訊，了解個人需求

226 繭居狀態者的自由與責任
228 如何接納個人自立門戶？
230 如何界定單憑家屬守護的「極限」？
232 如何拯救極限家庭？
235 跨越「親子依賴共生」的方法
238 【支援個案C】繭居原因／繭居情況／支援方式／支援端分析
245 【支援個案D】繭居原因／繭居情況／支援方式／支援端分析

結語

おわりに

254 孤立無援可能發生在你我身上
255 不了解八〇五〇問題的實際面貌
260 主要參考文獻

第一章

育兒生活
看不到盡頭

終わらない子育て

繭居問題總是關上門解決

〈序言〉提及二〇一九年六月發生於練馬區的父親殺害兒子事件，引發眾人議論紛紛，部分意見如下：

「這位爸爸對兒子下手時是什麼樣的心情呢？他痛下毒手時一定不是興高采烈，而是決定盡到做父親的責任。」

「希望法官能諒解父親不得不殺害兒子的決定，減輕罪刑。」

這名父親原本是公務員，富有責任感。部分聲音把父親的個性與事件連結，認為他是擔心兒子鑄成大錯才成為加害者，應當包容他的罪行。一般人的確難以理解父母因子女對家人施暴而煩惱的心情。儘管如此，在使出殺人這種最後手段之前，他真的已經無計可施了嗎？

這個家庭不僅查不到向行政窗口等機構諮詢兒子家暴的紀錄，甚至可能強烈拒絕「向外人商量家醜」。

本章描述繭居與八〇五〇問題的實際情況，同時剖析面對這些問題的家屬拒絕向外求援、關上家門處理家醜的心態。隱藏在問題背後的是，儘管家長早已年老體衰，早已無法承受子女施暴，仍舊「無法擺脫父母的角色」。

何謂「繭居」？

進入正題之前，本節先釐清「繭居」的定義。簡而言之，**繭居是一種「狀態」，進入繭居狀態的人，家中是主要的生活範圍，因此不會參與任何與社會有關的活動，任何人都可能經歷這種狀態。**因此，本書不會使用「繭居族」這種把繭居窄化為特定族群的用語，而是盡量使用「繭居狀態」等說法；並且不以「當事人」一詞稱呼繭居狀態者。

厚生勞動省（相當於臺灣的衛生福利部加勞動部）於二〇一〇年頒布的《繭居評估與支援方針》中，對於「繭居」的定義如下：

繭居是一種狀態，進入繭居狀態者出於各種原因迴避參與社會相關活動（包含義務教育等求學、兼職工作等就業、與家人以外的人來往等交際），基本上活動範圍限於家中（包含外出時不與他人交流），時間長達六個月以上。

日本的繭居人口超過一百萬人

二〇一九年三月，內閣府公布日本四十歲至六十四歲處於繭居狀態的人口高達六十一萬三千人，首次針對中高齡人口調查繭居相關情況。

三年前關於繭居的調查，是以十五歲至三十九歲的青壯年人口為對象，推估約五十四萬一千人。然而該調查排除四十歲以上的人口，因而收到許多意見，認為「處於繭居狀態的人應該很多是中高齡者」、「應當擴大調查對象的年齡範圍」。內閣府於是回應眾人的需求，擴大調查範圍，結合兩項調查結果得知，全日本的繭居人口超過一百萬人。

以下簡述這兩項調查的內容概要。內閣府首先於二〇一六年舉辦「青壯年人口生活調查」（以下簡稱「針對三十九歲以下者之調查」），調查了三千一百一十五名十五歲至三十九歲的民眾，其中繭居狀態者為四十九人（問卷回收率為一．五七%）。而根據總務省（相當於臺灣的內政部）於二〇一五年的推估，日本十五歲至三十九歲人口為三千四百四十五萬人，因此處於繭居狀態的人口為五十四萬一千人（圖表1-1）。

接著，內閣府於二〇一九年施行「生活狀況調查」（以下簡稱「針對四十歲以上者之調查」），調查了三千二百四十八人，年齡層為四十

圖表 1-1　處於繭居狀態的人口比例與推估人數

	2016年調查（15～39歲）		2019年調查（40～64歲）	
	比例（%）	推估人數（萬人）	比例（%）	推估人數（萬人）
A. 平常都待在家裡，只會為了興趣出門。	1.06	36.5	0.58	24.8
B. 平常都待在家裡，有時會去附近的便利商店。	0.35	12.1	0.65	27.4
B. 有時會走出房間，可是不會走出家門或幾乎不會離開房間。	0.16	5.5	0.22	9.1
C. 合計	1.57	54.1	1.45	61.3

※根據內閣府《青壯年人口生活調查報告》（2016）與《生活狀況調查報告》（2019）資料製表。

歲至六十四歲，其中處於繭居狀態者共四十七人（問卷回收率為一．四五％）。而總務省於二〇一八年推估日本四十歲至六十四歲人口約為四千二百三十五萬人，因此處於繭居狀態的人口為六十一萬三千人。

繭居狀態形形色色

「繭居」一詞其實包含許多情況，針對三十九歲以下者之調查顯示，四十九人當中有三十三人（問卷回收率為一．〇六％）屬於A「近乎繭居狀態」（圖表1-1），也就是平常都待在家裡，只會為了興趣而出門。

至於平常都待在家裡，有時會去附近的便利商店等處者共十一人（問卷回收率為〇．三五％）；有時會走出房間，可是不會走出家門，或者幾乎不會離開房間的B「狹義繭居狀態」共五人（問卷回收率為〇·一六％）。而近乎繭居狀態與狹義繭居狀態兩者統稱為C「廣義繭居狀態」。

此外，繭居狀態者以男性居多，針對三十九歲以下者之調查結果為六三·三％，針對四十歲以上者之調查結果為七六·六％。

這兩項調查雖然都以全國人口為對象，調查的樣本規模卻稱不上大，回答屬於繭居狀態的人數並不足以多方面分析。因此第二章會提到，必須嘗試從更多角度分析這群人疏離孤立的情況。

繭居的原因與期間

不僅繭居狀態形形色色，進入繭居狀態的原因也五花八門，包括遭受霸凌、拒絕上學、考試或求職失敗、工作數十年後遭到裁員、因為丈夫工作異動前往陌生環境居住等等，開始繭居的時期與期間也因人而異。

首先是針對三十九歲以下者之調查顯示，四十九人當中起因於「拒絕上學」與「無法融入職場」者皆為一八・四%，「求職失敗」與「人際關係發生問題」者同為一六・三%，「罹病」者則占一四・三%。

進一步分析其中一項調查項目「國中小時期的學校生活」（圖表1-2）發現，他們缺乏「常和朋友聊天」與「認識好朋友」的經驗，相較於其他人，「經常忍耐」、「遭到朋友霸凌」、「跟不上課業進度」、「曾經拒絕上學」、「一個人玩比較開心」的經驗較多。由此可知，可能多半早在繭居之前便累積了許多壓力，或缺乏建立自信的經驗。

接著是針對四十歲以上者之調查顯示，四十七人當中繭居原因為「辭職」者占三六・二%，「人際關係發生問題」與「罹病」者皆為二一・三%，「無法融入職場」者占一九・一%，「求職失敗」者則占六・四%。

此外也發現所有年齡層都有處於繭居狀態的人口（圖表1-3）。

圖表 1-2　國中小時期的學校生活（可複選）

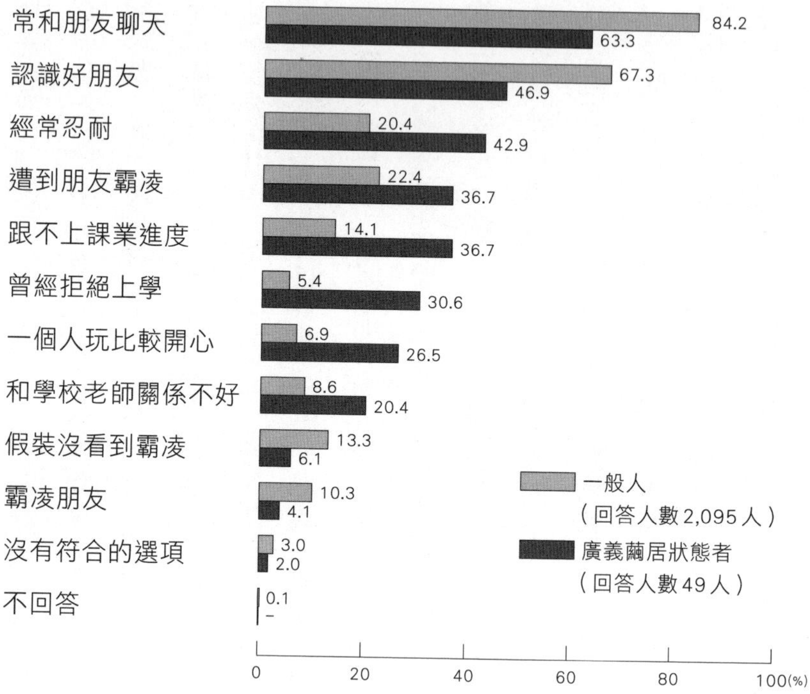

※根據內閣府《青壯年人口生活調查報告》（2016）資料製表。

至於繭居時間的長短也形形色色。針對三十九歲以下者之調查顯示，三至五年者占二八．六％；七年以上者居冠，占三四．七％；而針對四十歲以上者之調查中，居冠的是三至五年者，占二一．三％，三十年以上者與半年以上、一年以下者各占六．四％（圖表1-4）。

此外，值得注意的一點是，針對三十九歲以下者之調查顯示，三千一百一十五人中有一百五十八人「過去曾經是廣義繭居狀態者」，而針對四十歲以上者之調查則是三千二百四十八人中有一百三十四人，比例分別是五．一％與四．一％。換句話說，**人生中曾經有一段時間處於繭居狀態的人並非少數。**

圖表 1-3　繭居狀態者的年齡

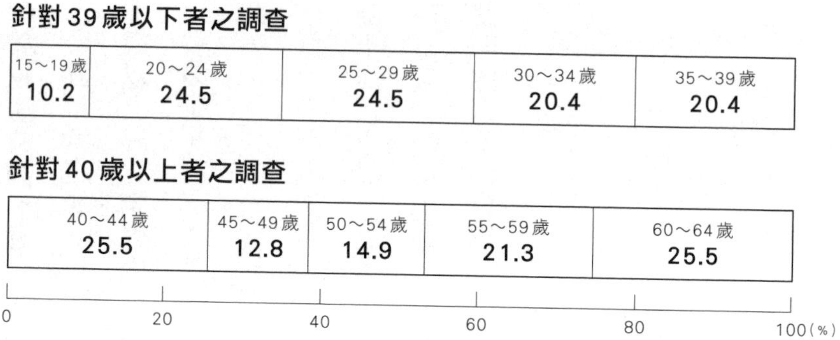

※根據內閣府《青壯年人口生活調查報告》(2016)
與《生活狀況調查報告》(2019)資料製表。

圖表 1-4　繭居狀態的期間

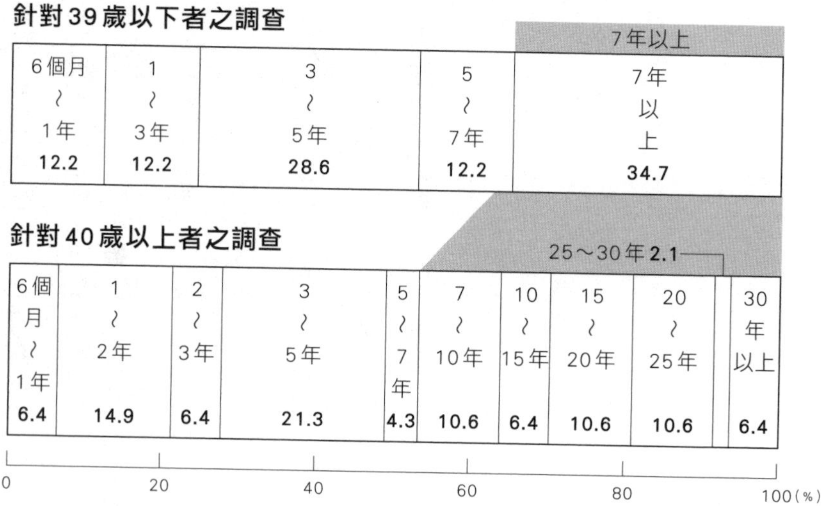

※根據內閣府《青壯年人口生活調查報告》(2016)
與《生活狀況調查報告》(2019)資料製表。

工作經歷與家庭結構

分析針對四十歲以上者之調查發現，屬於廣義繭居狀態者的工作經歷與家庭結構的統計結果有些出人意料。

首先是工作經歷，七三．九％的人曾經是正職員工，三九．一％的人曾經是非正職員工。三十五歲之後曾經失業的人占五三．二％，曾經是尼特族（無業的年輕人）占二一．三％，工作一年以內離職或換工作者則占一〇．六％。也就是說，有過長期工作經驗的人占一定比例。

接下來分析家庭結構：與母親同住者占五三．二％，與配偶同居者占三六．二％，其次則分別是父親、子女（皆為二五．五％）、兄弟姊妹（一九．一％）。由此可知，和配偶、子女一起生活的人不在少數。另外，沒有同住家人者為一．六％。而針對三十九歲以下者之調查的家庭結構為，與配偶同居者占六．一％，與子女同住者占六．一％。**社會大**

眾普遍認為，到六十四歲仍處於繭居狀態的人多半是「與父母同住的單身人士」，然而調查結果顯示，實際情況與大眾印象有所落差。

此外，針對四十歲以上者之調查顯示，負擔家庭主要生計者以繭居狀態者居冠，占二九．八%；其次是父親（二一．三%）和母親（二一．八%）。而針對三十九歲以下者之調查顯示，繭居狀態者為負擔家庭主要生計者不過二%。

這兩項調查也一併詢問了本人與同住對象對於廣義繭居狀態的認知。針對三十九歲以下者之調查中，同住對象回答「認為本人屬於廣義繭居狀態」為七十四人（總人數二千八百九十七人）；針對四十歲以上者之調查則為一百三十八人（總人數二千八百一十二人）。換算成百分比，分別是二．六%與四．九%。相較之下，針對三十九歲以下者之調查中，本人回答「認為本人（自己）屬於廣義繭居狀態」為一．五七%；針對四十歲以上者之調查則為一．四五%。換句話說，同住對象「認為本人屬於廣義繭居狀態」的比例較高。由此可知，本人與同住對象對於繭居狀態的認知意見分歧。

詳述以上的統計結果，是為了讓各位明白繭居狀態的背景形形色色，第二章也會進一步提到，分辨是否處於繭居狀態本身並非易事。**我們應當矚目的不是繭居這種現象，而是從多種角度分析並掌握無業又單身的子女與年邁的父母處於孤立無援、缺乏社會網絡的狀態。**

繭居的背景

進入繭居狀態的導火線可能是拒絕上學、辭去工作、求職失敗。然而究竟是什麼樣的原因會導致一個人正式進入長期的繭居狀態呢？

厚生勞動省於二〇〇三年發表的一份舊版指南《「繭居」應對方針》最終版（其新版為《繭居評估與支援方針》）中，從「生物學」「心理」

「社會」三方面說明其背景。

「生物學」指的是罹患思覺失調症、憂鬱症、強迫症、恐慌症等精神疾病而陷入繭居狀態，這些疾病可能發生於繭居前，或者因繭居而發作。有些人則是由於輕度的智能障礙、學習障礙、亞斯伯格症、高功能自閉症。部分意見表示，自己念書時不擅長特定的科目，或者很會念書卻不擅長在休息時間與同學閒聊，**種種的瑣事導致本人體驗了外人難以察覺的心累，最後累積過多壓力而進入繭居狀態。**《繭居評估與支援方針》中，將繭居相關精神疾病分為三類，並詳盡說明（圖表1-5）。

「心理」指的是進入繭居狀態前便已承受壓力，或是對於處於繭居狀態感到緊張不安。儘管看似突然陷入繭居狀態，其實可能從很久之前就一直在勉強自己。這種情況類似拒絕上學的類型之一——**「模範生的墮落」，意指原本人人稱讚的好孩子突然拒絕上學或上班。**除此之外，進入繭居狀態一事也會加深本人的不安，由於擔心他人的目光與評價，陷入害怕人群的心理。

圖表 1-5　繭居相關的三大類精神疾病與支援對策

第一類	主要疾病為思覺失調症、情緒障礙、焦慮症，藥物治療等生物醫學療法可能有效治療。除了生物醫學療法，同時提供心理治療、利用社會福利，從生活、求職等方面提供心理支援與社會支持。
第二類	主要疾病為亞斯伯格症、高功能自閉症、智能障礙等發展障礙，需要配合發展特性提供心理治療、以生活與求職為主的支援。藥物治療可能針對發展障礙或由障礙所引發的二次障礙。
第三類	主要疾病為人格障礙（或有此傾向）、擬身體障礙症、認同障礙，主要提供心理治療、以生活與求職為主的支援，有時會加上藥物治療。

※出處：厚生勞動省《繭居評估與支援方針》（2010）。

「社會」則是指，**在升學或就業等眾所期盼的人生階段忽然遇上挫折，無法依循正軌順利前進。**

《繭居評估與支援方針》指出，**缺乏升學或就業以外的選項時，進入繭居狀態的人想回歸社會是困難重重。**周遭的人總是以「一旦陷入繭居狀態，人生就完了」、「人生不應該脫離常軌，要齊頭並進」的視線看待這些人，連帶家屬也會覺得繭居「對人生不利」、「做錯事了」，難以向外求助，於是更加孤立無援。

總結一下前述的內容，造成繭居狀態的緣由、持續繭居的因素，再加上本人或家屬的心態導致繭居狀態延長。必須留意的是，**繭居本身不是疾病也不是偏差行為，而是梳理本人與家屬煩惱的契機**。因此理想狀態是，本人與家屬能坦然接受必要的援助，而非孤立無援。

開始繭居之際

子女開始繭居之際，父母抱持著何種心態，又採取了何種行動呢？

相信大多數人在育兒期間從未想過自己的小孩有一天會陷入繭居狀態吧？由於缺乏心理準備，自然難以接受。本來以為孩子只是在家裡休息一陣子，回過神來才發現已經窩在家中好幾個月甚至好幾年。大部分的家長通常不會在此時就認定孩子已經屬於所謂的「繭居狀態」，即使多少有些不安，仍然期待孩子總有一天會回到正軌，現在不過是「稍微休息一下」。

周遭的人則認為「爸媽只要對孩子嚴格一點，總有一天會回去上學或上班」。然而實際情況是，不少個案的父母與老師激勵鼓舞一番之後，孩子反而更是躲進房間裡，不再與外界溝通。

許多家長發現子女不會積極行動後，唯一能做的只有責備自己，反省過去的教養缺失，認為是「我把孩子逼到這番田地」。如此一來，自然也會生起庇護子女的想法，覺得：「這孩子真可憐。」「我想等到他自己主動。」「就別再干涉他了。」無論找誰商量子女的事，對家長而言都不是件簡單的事。一想到要請教外人或接受家庭訪問就有如暴露家醜，不禁覺得「還是維持現狀算了」。

話雖如此，許多家長也不見得只會坐以待斃，在子女還年輕時就跑遍了各地的諮詢窗口。然而繭居並不是一朝一夕就能解決的問題，這些父母勞心勞力找上專家商量可能反而遭到一番說教，使得心靈受傷，逐漸猶豫是否還要向外界求助。

目前面臨八〇五〇問題的家庭，家長即使在子女約莫三十歲，也就是距今二十年前的二〇〇〇年代向外求援，但當時的支援體系尚未完備。家有繭居子女的父母猶如走在五里霧中，不知所措，惶恐不安。以下是這些家長的心聲（本書個案皆為真實個案，並在不影響讀者理解的情況下變更部分細節）。

個案1－① 案主：加藤清美（化名，二十多歲）

清美就讀大學時，由於在人際關係上遇到挫折，開始拒絕上學。母親幸子（化名，五十多歲）原本以為女兒很快就會回到學校，後來得知這樣的狀態可能會持續好幾年，於是開始反省自己過去的教養方式。

女兒因為母親的一句話而受傷

三女清美是就讀大學時發生繭居問題。當時她向母親幸子抱怨和學校社團的成員處不來，母親建議：「我們不能改變別人的個性，只能改變自己的想法。」清美拒絕了她的建議：「我不想聽媽媽說這種話！」從隔天起便把自己關在房間裡，不去上學。

幸子以為「繭居」一詞和自己毫無關係，只記得女兒當時十分疲倦。「我盡了所有做媽媽該盡的責任，為什麼這個孩子還活得這麼辛苦呢？為了一點小事不高興就不去上學？」她一度認為女兒拒絕上學不過是偷懶罷了。然而認真聆聽清美吐露心聲後才發現事情其實很嚴重：「我覺得活得好累，為什麼妳要把我生下來？」為了減輕女兒的心理負擔，她說：「我們辦休學吧！」

聽到母親說出這句話，清美接下來一個月生氣勃勃。幸子心想：「等到她冷靜下來就會回到學校吧？」然而女兒的生活作息開始日夜顛倒，後來甚至不踏出房門了。

「我這麼為她著想，為什麼她卻這樣對我!?」

幸子覺得女兒背叛了自己的期待，既失望又不知所措，害怕不安到淚流不止。

之後幸子開始尋找繭居相關書籍與諮詢窗口，發現自己居住的地區有協助繭居狀態者的非營利組織。此時，女兒已經繭居四個月了。該組織位於公寓一隅，她造訪時遇到一群繭居了約十年的年輕人。看到他們有心建立人際關係卻又恐懼害怕的痛苦模樣，她下定決心「無論如何一定要幫助女兒走出困境」。

後悔過去的育兒方式

幸子是職業婦女，既是教保員又是三個女兒的母親。她時時要求自己凡事都要做到盡善盡美，也自認盡到身為妻子、母親、工作者的責任。

女兒陷入繭居狀態促使她反省過去的教養方式。養育長女與次女時，她會與孩子互吐心聲，邊摸索邊學習；等到么女清美出生時，她已經建立起身為母親的自信，引導清美走在符合自己要求的路上，而不是尊重女兒的意願。

此時她突然回想起，清美三歲剛上托兒所時曾經說過：「因為媽媽很忙，所以我一直叫自己要乖乖聽話。」不禁深深後悔當年生活過於繁忙，疏於陪伴女兒，使得她無法好好向父母撒嬌。

清美之後與家人親戚一同出門旅行，慢慢恢復精神，最後完成畢業論文，取得大學學位。父親在女兒剛開始繭居時不願意面對女兒，後來也改變心態，協助妻子。幸子因而得以靜靜守護女兒，等待她好轉。

＊＊＊

繭居狀態多半發生在子女十多歲或二十多歲之際，代表家長進入中高年後才第一次遇上這個問題。儘管平常照顧孩子很辛苦，至少日常生活「沒有問題」，所以家長可能很納悶：「明明孩子昨天還好好的，怎麼今天就突然遠離家人跟社會呢？」對於大多數父母而言，「繭居」是個未知的課題。因此像幸子這樣一開始認為「女兒馬上就會回去上課了」一點也不奇怪。

個案1－② 案主：北山達郎（化名，三十多歲）

達郎於求職過程受挫，引發憂鬱症，進而陷入繭居狀態。父親豐（化名，六十多歲）為了協助兒子，開始與原本獨居的兒子同住。向醫療院所諮詢後，第一次知道兒子其實是「亞斯伯格症」患者。

兒子求職失敗

豐和妻子離婚，獨生子達郎上大學時父子分開生活。後來兒子求職失敗，陷入繭居狀態。

豐在兒子完全找不到工作時，從本人口中聽到：「我可能得了憂鬱症。」發覺兒子繭居後，父子開始一起生活。等到同住五年多，也就是達郎將近三十歲時，終於聽到他談起求職失敗的細節：「我面試時踩到對方刻意埋的『地雷』，才會找不到工作。」此時豐才明白兒子隱藏於內心的不安。

原本兒子沒找到工作時，豐採取激勵鼓舞的態度。回想兒子剛通過國家考試，取得藥劑師資格時，自己對兒子說了一句身為父親不該說的話，深感後悔：

「你以後是在社會這個大環境裡負責藥劑師這項工作，不是像我這樣在公司裡當人家的員工。所以你要挺起胸膛，一個人生活，之後的人生就靠你自己了！」

當時他自認為是在鼓勵兒子，祝福他邁向人生新階段，可是聽在兒子耳裡，就像是父母要對他棄之不顧。此外，父子回到鄉下省親時，叔叔伯伯批判達郎蝸居在家、不去工作一事可能也是逼他鑽牛角尖的原因之一。

摸索兒子的繭居原因時，豐後悔過去對待兒子的方式，開始感到自責。他認為自己必須做點什麼，為了解決問題四處奔走，就在此時，透過醫療院所的介紹，認識了非營利的支援組織。

豐加入一個叫作「同儕互助團體」的家屬互助會，屬於非營利的支援組織，達郎也因此開始參與這個團體於日間舉辦的支援活動。該團體提供「建立歸屬型支援」與「就業輔導」，前者協助有社交恐懼的人透過遊戲等方式與他人交流，後者則是透過家庭代工等方式協助就業。達郎參加的是前者。

確診為發展障礙

豐後來帶達郎去就醫，看了好幾年的精神科門診，達郎終於願意和醫師溝通。醫師診斷他為「亞斯伯格症候群」（現在又稱「自閉症類群障礙」）。亞斯伯格症候群是一種自閉症，特徵是有社交困難、興趣狹隘、強迫性常規等。同樣是發展障礙[1]，亞斯伯格症候群由於智力與語言發展一如常人，往往本人與周遭都沒有發現。達郎回想起面試時的失敗經驗，才發現自己不擅長建立人際關係。

文部科學省於二〇一二年發表的調查結果顯示，日本國中小每個年級約六．五％的學生發生學習或行動困難，是起因於發展障礙（智能發展障礙除外），而「有社交困難或強迫性常規」的學生占一．一％。然而日本正式施行特殊教育（二〇〇七年）之前，達郎已經從國中畢業，因此父子都不知道亞斯伯格症候群一詞。

1 依據日本厚生勞動省的定義，「發展障礙」是天生腦部機制不同所致，發展障礙者從童年時期開始出現不同於其他兒童的行動或情緒表現，家長因此在教育兒童時易受挫折，兒童本人也適應困難。發展障礙包括自閉症類群障礙、注意力不足過動症、學習障礙、妥瑞症、口吃等，然而配合其特性，安排合適的生活、學校或職場環境，仍有機會發展其能力，減輕適應困難。因此，日本所稱的發展障礙，在臺灣概念上較類似神經發展疾患，包括一般所稱的發展遲緩但範圍更廣。

思考該如何解決發展障礙影響日常生活時，豐終於了解父母所扮演的角色有多麼重要。他過去覺得畢業了就該工作，完全沒想過原來進入社會也需要輔導。即使回想起自己年輕時從未和父親進一步討論工作或人生等話題，他還是下定決心要陪伴兒子解決問題，和兒子好好溝通。

家長的心理導致繭居問題遲遲無法解決

這兩例個案好在家長都在子女進入繭居狀態初期便向支援團體求助。發現孩子出現異狀時，儘管迷惘還是採取行動，嘗試解決。

一般家庭需要耗費一段時間才能真正面對子女繭居的事實。倘若家長忙於工作、缺乏諮詢窗口的資訊和知識，甚至根本沒有意識到孩子當下處於繭居狀態，以為總有一天會「回到正軌」，遲遲忽視問題，就這樣讓時間一天一天流逝。

此外，兩例個案的家長都是在子女大學階段才正式遇上繭居問題。一般父母在此時終於卸下養育子女的重擔，打算在事業上衝刺或是把精力投注於興趣，準備邁向人生下一個階段。倘若子女未曾出現異狀，或許根本不會回顧自己的育兒經驗。

在此要再次強調的是，**繭居不是一種疾病，而是多重原因所造成的一種「狀態」，並非起因於單一理由，而是生物學、心理、社會三方面的背景疊合後導致難以參與社會。**

站在家長的立場，由於不了解子女為何「突然」陷入繭居狀態，也不清楚究竟該如何解決，有的父母會時不時責備子女不工作，導致子女反抗或退縮，親子之間更無法溝通；也有父母開始回顧以往的教養方式，有時雖然找到解決問題的線索，卻因為過度自責而無法採取向外求助等具體行動。**家長愈是羞愧於自己教養不當導致子女繭居，愈是難以向外人開口。**部分父母則覺得子女很可憐，認為應該把孩子保護在家裡。

為了孩子著想，無論鼓舞激勵或自我反省，都是為人父母自然會採取的行為。然而單憑自省來改善對待子女的態度並非易事，家長不免連續好幾年把孩子逼到無處可逃的地步，或是對孩子過於客氣，連聊天都開不了口。造成繭居問題長期化的原因潛藏在親子關係中，因此解決關鍵在於聆聽「外人」的建議，重新審視親子關係。

幸運的是，1－①的案主願意和親人一同出門旅行，1－②的案家則直接參與支援團體舉辦的活動。然而對於部分個案而言，光是向外求援就是一道難以跨越的門檻。以下數節會藉由調查結果分析，何種家長遲遲無法著手解決問題，導致子女繭居狀態長期化。

家屬會調查

前面提到的「家屬互助會」指的是，子女繭居的家庭一同舉辦讀書會或彼此援助的團體。截至二〇一八年十月，非營利法人「ＫＨＪ全國繭居狀態者家屬會聯合會」（以下簡稱「ＫＨＪ」）在全日本共有五十五個家屬互助會。

二〇一六年，ＫＨＪ因應厚生勞動省的委託（為社會福利事業的一環），針對四十歲以上繭居狀態者進行問卷調查（以下簡稱「家屬會調查〔二〇一七〕」），一共蒐集了六十一例個案。筆者當時負責彙整調查結果，看到這些家庭為了解決子女繭居問題，長期以來嘗試摸索各種辦法。以下介紹這些家庭的故事，並援引調查結果，進一步說明為什麼家長向外求援如此困難重重，導致子女繭居狀態長期化。

六十一例個案以男性居多，占五十二人；女性僅九人。年齡以

「四十歲至四十四歲」居冠，共二十九例，「四十五歲至四十九歲」共二十三例，「五十歲至五十四歲」共六例，「五十五歲至五十九歲」共兩例，「六十歲以上」一例，平均四五．三歲。

開始繭居的時間分為學齡期間到正式就業之前與正式就業之後。就業前開始繭居者共四十四例，原因多半是就學期間拒絕上學或遭到退學、畢業後到就業期間發生問題等。另一方面，就業後繭居者共十七例。

分析四十六例的就業經驗發現，包含短期工作者，其中十七例曾經錄取為「正職員工」，錄取為「計時人員」則有二十三例。開始工作的平均年齡為二〇．七歲（回答者共三十四例），辭去工作的平均年齡為二七．三歲（回答者共三十二例）。由此可知，第一次就業經驗多半在二十五歲左右告終。

至於家屬多半又是尋求哪些機關協助呢？調查結果（答案可複選）發現，四十例前往「醫院」，其次則是「衛生所、衛生中心」（二十三例）、「民間諮詢機構」（二十例）、「精神保健福祉中心」（十九例）、

「非營利法人」（十八例）。由此可知，以精神醫療窗口占多數。

由於調查對象是有心解決問題而加入家屬互助會的家長，多半在子女二十多歲時便曾經尋求相關窗口諮詢。相較之下，內閣府於二〇一六舉辦的針對三十九歲以下者之調查中，僅四四·一%曾經向相關機構諮詢。即使如此，六十一例個案中僅十四例會出席外人在場的聚會，可見多數家庭還是為了子女不願外出或外出次數稀少而苦惱。

僵化的親子關係

接下來以「煩惱親子關係」、「父母本身的羞愧心理」、「諮詢窗口應對有所缺失」的順序，剖析繭居問題為何難以解決。

六十一例個案中包含已經脫離繭居狀態者，其中有五十例「日夜顛倒」、三十一例「關在自己房間裡」。這些情況代表子女逃避與家人見面，父母長期無法與子女一同用餐、溝通。如同一般人的想像，他們習慣逃避他人的目光，因為「其他人看我沒去上學或上班，應該都在責備我吧！」而不安，或是自認「我現在這樣的狀態不能見人」而躲進自己的殼裡。

至於父母則經常遭遇親戚友人當著面或背地裡批評「都是爸媽教不好，小孩才會變成這樣」，於是愈加採取強硬的態度，反而導致孩子更是逃避，陷入惡性循環。

值得注意的是，**真正恐懼現狀、對自己失望的**，**其實是孩子本身**。父母抱持著「自己非得做點什麼」的心態其實會造成反效果。許多父母總會忍不住質問：「為什麼不工作？」然而協助解決繭居問題的多名精神科醫師指出，**光憑講道理或鼓舞激勵就能讓孩子振作自然是好**，**然而多半情況只是讓親子關係更加惡化**。

處於繭居狀態的本人當然明白接受義務教育和參與社會的必要性，

可是明白歸明白，卻不知道該怎麼踏出下一步。有的由於心理方面的因素，缺乏自信而無法採取行動；有的則是出於生物學方面的因素，也就是罹患精神疾病。精神科醫師等相關人士建議，**父母應該抱持平常心，默默在子女身後加油打氣，而不是把不安與焦躁的情緒發洩在孩子身上。**

此外，不少家長參加家屬互助會舉辦的讀書會，學習如何對待孩子。這些家庭可能一時氣氛緊繃，子女在家中也態度惡劣。自從家長學會不再施壓後，得到的反應多半是「孩子開始在家裡自由行動了」。

然而，當子女的狀況穩定之後，家屬互助會支援人員提出的下一步建議，家長往往不願接受，深怕破壞家中氣氛。主因是下一節要講的子女家暴。

遭受子女的言語或肢體暴力

部分家長表示：

「兒子在家裡時不時就暴力相向，我實在撐不下去，只好另外租公寓，跟太太一起搬離原本的家。」

「他抱怨都是媽媽害他變成現在這副模樣，一直責怪我們到深夜，不讓我們睡覺。」

「孩子占據了整個客廳，我們只能在二樓生活。」

家屬會調查（二〇一七）的六十一例個案當中，「以行動拒絕家人」的有三十三例、「損毀物品」者十六例、「對家人施暴」者十四例。由此可知，體驗過家暴的家屬不在少數，還有十例因此搬出原本的住處。

家屬無法忘懷過去所承受的暴力陰影，自然會極力避免刺激到本人，以免相同事態再度發生，因此多半選擇閉口不談家中問題，逃避思考子女繭居一事。

父母因為子女繭居而感到羞愧

繭居問題不易解決的另一個原因是，父母因為子女處於繭居狀態而感到「羞愧」。

不少父母如同個案1－①，覺得自己教育子女的方式錯誤，過於自責導致無法向外人商量。部分情況則如同個案1－②，子女繭居一事在親戚聚會時遭到批判。此外，即使是家人也可能意見分歧，例如丈夫責備妻子：「**我把孩子的事全權交給妳，教成這樣都是妳該負責。**」身為父母的責任感加上外界的批評，更是加深了羞愧心理。

而且，不僅是羞愧心理，還有外界對於接受心理治療或申請社會福利的偏見。例如父母諮詢繭居問題後，決定讓孩子申請精神疾病相關社福補助，住在鄰近村鎮的親戚卻表示反對：**「這樣可能會影響我孩子求職或結婚，拜託你們不要去申請。」**

由於不願意讓子女繭居一事曝光，父母只得縮小社交範圍。例如，**母親儘管想參加朋友聚會，但一想到聊到孩子的話題就不知該如何應對，於是選擇不再出席。**大多數家長唯有和其他有著共同遭遇的家長見面時才能輕鬆開口，互相傾訴在家屬互助會以外的場合多麼難以提及孩子的事。

部分家長甚至表示：「這幾十年來我們四處造訪各地的專家，就是想諮詢孩子繭居的問題，但是我們從來沒有跟家鄉的朋友坦承這個狀況……」雖然不能一概而論，鄉下地方的人際關係又比都市緊密，部分家長表示不能隨便聊到家人的話題，尤其是偏負面的問題。即使去公所諮詢，窗口也可能是認識的人，所以根本說不出口。在人口外流嚴重的地區，可能是一個諮詢窗口負責好幾個村鎮。「自立諮詢支援窗口」就曾表示接起電話時，對方一開口就是確認身分：「你不是××村的人吧？」

此外，許多父母往往在世時無法向外界諮詢，直到過世後才由兄弟姊妹或其他親人接手照顧孤伶伶的繭居狀態者。第三章也會提到父母死後承接責任的兄弟姊妹的心聲。

於是，繭居問題就在層層影響下成為關起門來解決的課題。

支援窗口的問題

家屬會調查（二〇一七）發現，有些家長好不容易跨越重重門檻，向相關窗口求助，卻不見得能有好的結果。本書後半會詳述相關支援體系與窗口，本節則介紹家屬實際遇到的諮詢問題。

部分四十歲以上個案發生過以下幾種情況：家屬因為工作或生活繁忙，無法立即前往相關窗口諮詢；家屬本身害怕改變現況，不願意嘗試改變；支援中斷，對窗口或諮詢感到失望。「支援中斷」指的是家屬開始諮詢後卻因為某些理由而中斷，統計結果共二十六例。

「諮詢人員沒有做好交接，同一件事得說上好幾次。好不容易諮詢上了軌道，負責的窗口又異動了。」

「窗口只是一味重複『有問題再來找我們』，持續造訪也得不到有用的建議。」

支援繭居狀態者需要長期關懷與追蹤，多方蒐集本人或家屬相關資訊。然而不能否定的是，某些窗口以「沒有需要立即解決的嚴重問題」（例如暴力或企圖自殺）為由拖延，並未提供正式援助。

痛苦的諮詢經驗

進一步理解家長的諮詢經驗發現，「接受支援時有過負面經驗」者共二十例。部分窗口的應對方式毫無助益，例如父母親自前往窗口諮詢，對方卻一味要求處於繭居狀態的本人也必須一同前來。也有不少負面經驗是，家長好不容易鼓起勇氣前往窗口諮詢，卻招來不斷說教，甚至被指責過往養育子女的方法，結果不但沒有獲得幫助，反而因此厭惡諮詢。

部分個案則是繭居狀態者親自前往窗口諮詢，以醫療院所居多，共有三十三例，這點與家長相同。部分個案諮詢後實際獲得協助，例如取得身心障礙證明者共八例、開始利用社福資源者共十三例。

然而現在四十歲以上繭居狀態者是在二十多年前，也就是一九九〇年代中期開始陷入繭居狀態。當時的諮詢窗口對於繭居的認識遠遠低於現在，提供職前訓練與庇護性就業等單位也不如目前普遍，換句話說，

無法立即成為職場戰力的人缺乏可以利用的制度。即使鼓起勇氣前往諮詢，只會一頭撞上欠缺有效支援體系的「高牆」，導致這些家庭被迫長期面對繭居問題。

思考自己死後的子女生活

高齡的雙親過世後，中年的繭居子女該如何生活，是繭居問題的一大課題。討論這項課題時，有時會出現「父母死後」一詞。然而奇妙的是，說出這句話、擔心死後的，不是送走父母的子女，而是早子女一步離開人世的父母本人。**即使走到人生的盡頭，仍舊無法卸下身為「父母」的責任。**

隨著年老體衰、行動受限，難以前往窗口諮詢，即使好不容易打起精神抵達窗口，卻又得不到打從根本解決問題的辦法。這些筋疲力竭的父母最後只得放棄期待子女好轉。

走到這步田地，這些家長在諮詢時會改為請教：「我死後該留下多少錢給孩子才夠呢？」甚至減少就醫次數，就是為了多留點錢給子女。先不論這種想法是否正確，**不少家長認為自己能為孩子做的，就只剩下遺產了。**

這句話隱含了好幾種層次的「放棄」。首先是不再期望子女踏出家門或工作，其次是無法和子女討論往後的情況，最後是無法把子女託付給其他親戚，也不再期待行政機關伸出援手。

「我死後該留下多少錢給孩子才夠呢？」

這難道不是屢次經歷絕望、失去信任，才會說出的話嗎？

父母究竟要當到幾歲？

父母總有一天會老去。家庭社會學者春日Kisuyo指出，現代社會認為，老年人的理想死法是「今天活跳跳，明天死翹翹」（生前沒有任何病痛，猝死時毫不痛苦），實際上，在這個每兩人就有一人會活到九十歲的時代，**日本人的晚年真相是「病懨懨，息奄奄」**（年老體衰，難以自理生活）。

這些家有繭居子女的父母在此時反而容易陷入「樂觀思考」，認為：「既然我養孩子養得這麼辛苦，好歹死的時候會輕鬆一點吧！」以為不需要擔心晚年的健康狀態，能夠照顧子女一輩子。能作如是想的，自然是有著豐沛資金、對健康極有自信的家長。**然而在漫長的晚年期間，即使是擁有大量資源的父母，恐怕還是會擔憂財力與健康狀態。**

除此之外，不少父母因為意外罹病，無法繼續照顧子女。因此理想狀態是，立刻著手當下做得到的準備，而不是把一切都交給死後。父母面對自己晚年的方式會影響如何建立支援體系。

育兒沒有盡頭所招致的後果

為人父母都明白，育兒不是只會帶來快樂的時光，也必須付出許多心血。然而他們恐怕不曾想過孩子一繭居就是二、三十年，或者沒料到自己過了七、八十歲還得照顧子女、給予金錢援助、為親子關係煩惱……到底父母該養育子女到幾歲呢？

儘管許多家長費盡心力尋求相關機關協助，卻也擔心引來子女反抗，漸漸覺得「維持現況也好」，或是認為「自己育兒方式有問題才把孩子養成這樣」，把繭居問題視為自己的責任，猶豫是否應當向外求援。

而好不容易尋求協助，卻又遭到對方批判教養方式不當。種種挫折導致子女繭居的時間不知不覺愈來愈長，家長的心態也逐漸傾向外人無法理解，能依靠的只有自己人了。

在此情況下孤軍奮戰的結果是，當家長邁入晚年或經濟陷入困境，極可能導致悲劇發生。直到問題嚴重才終於發出求救訊號，但此時外界也難以伸出援手。難道沒有辦法盡早開誠布公，尋求外界支援嗎？

向外求援不代表「拋下孩子不顧」。**所謂的「自立」，不是一個人孤伶伶地住在無人島上獨自生活，而是有問題時能適時依靠別人，以免遇上難關時倒下。**發生問題時只能仰賴家人可能導致「全家一起垮」。本書後半段會探討如何增加家人以外的依靠對象，而不是關上門來自行解決問題。

第二章

社會網絡薄弱
日漸普及
與八〇五〇問題

ひろがる社会的孤立と8050問題

引進長照服務時發現有人孤立無援

發生於二〇一九年五月的川崎市隨機殺人事件，加害人在父母離婚後由伯父母（以下稱「養父母」）扶養長大，雖然彼此生活在同個屋簷下，卻已經好幾年沒見過面。

根據報導，養父母考慮申請居家長照服務時，其他親戚擔心「長照人員進到家裡可能會引起加害人反感」，於是向「地區繭居支援中心」商量加害人有繭居傾向，才使這個家的問題首次為外所知。諮詢時間為二〇一七年十一月至二〇一九年一月，一共十四次，分別是電話諮詢六次與面談諮詢八次。最後養父母寫信給加害人。值得注意的是，事件發生半年前，長照人員便已經來訪這個家，卻不見加害人有過任何抗拒的跡象。

事件發生之後，地區繭居支援中心舉辦記者會時表示，他們不清楚接受長照服務的是養父還是養母，也不曉得長照人員是否發現家中還有「另一個人」。由此可知，地區繭居支援中心和長照人員之間並未交流個案資訊或相互合作，單純將個案視為「繭居」或「繭居諮詢」，因而錯過更嚴重的問題。今後，這類需要跨單位支援的個案恐怕會日益增加，協助繭居子女的支援人員與負責照護年邁家長的長照人員必須多方蒐集相關資訊並互通有無。

繭居與拒絕長照服務導致雙重孤立

不少個案的情況是，長照人員踏入家門才發現照護對象家中有處於繭居狀態或無業的子女。

日本政府於二〇〇〇年推動長照保險制度，相關人士在制度施行後沒多久發現，部分家長因為家有繭居子女而猶豫是否要申請長照服務。**獨居的長者願意積極考慮使用長照服務，然而與無業或處於繭居狀態的子女同住的年邁家長往往猶豫再三。**長照相關人士一直將這件事視為難以克服的課題。

為什麼家有繭居子女會影響父母申請長照服務的意願呢？首先是，這些年邁的父母不希望「家醜」曝光，逃避向外人諮詢照護問題，因此鄰居多半也不知情。

另一方面，部分家長和繭居子女的關係惡劣，因此無法讓外人進門。倘若遭受過孩子暴力相向，家長害怕子女抗拒排斥也是理所當然。即使孩子不會施暴，想必許多家長因為子女長期蝸居於自己的房間，無法溝通，擔心貿然讓長照人員踏入家門可能會引發負面反應。

此外，**部分家長是以年金或存款扶養無業的子女，考量到長照服務所需的費用，便遲遲無法申請；也有部分家長擔心自己死後子女生活無以為繼，想要留下更多遺產，甚至因此避免使用長照服務。**

這些拒絕接受長照服務的家長可能會在無人知曉的情況下逐漸衰老。子女陷入繭居狀態與家長拒絕長照服務導致家庭陷入雙重孤立。

銀髮族諮詢中心接到的諮詢有八成是：「該拿沒工作的孩子怎麼辦？」

長照與繭居的關係尚不為人所知。ＫＨＪ針對「地區綜合支援中心」調查其支援的高齡者與「無業子女」同住的個案（以下簡稱「家屬會調查（二〇一九）」）。地區綜合支援中心的工作是，提供長照諮詢與協助高齡者維持健康狀態，避免他們惡化到必須使用長照保險的地步。筆者繼二〇一六年的調查，持續協助彙整二〇一九年的調查結果。

ＫＨＪ從全國約五千一百處的地區綜合支援中心挑選八百四十四處

窗口（約六分之一），郵寄問卷請對方回答，共二百六十三處回答（問卷回收率為三一．二%），其中高達二百二十處（占整體的八三．七%）協助過與無業子女同住的高齡者。KHJ於是再請他們從二〇一八年度協助的個案中選出最耗費時間者，一共蒐集了二百二十例，其中有一百五十三例屬於狹義繭居狀態。

分析援助對象為父母的個案發現，父親為案主者共三十六例，母親為案主者共一百三十七例，父母雙方皆為援助對象共三十一例。其中，父親為失能狀態而需要照護者共五十五例，失智者共三十五例；母親為失能狀態而需要照護者共一百二十七例，失智者共七十八例。除此之外，許多個案還伴隨全家經濟拮据（一百零四例）與居住環境雜亂等衛生問題（八十六例），還有一百二十四例是子女罹患精神疾病。

這些個案不僅是身為案主的父母需要長照，處於繭居狀態的子女等整個案家也需要支援。案主多半不曾向外人諮詢子女無業或陷入繭居狀態該如何是好，因此，**繭居課題往往是透過長照才首次曝光。**以下介紹這些個案。

個案2－① 案主：A（男性，四十多歲）

沒有工作經驗。為了照護失智的母親，曾經與外界有過接觸，母親過世後又失去與外界的連結。

照護成為與外界接觸的契機

A為了照顧失智的母親，生活一直以家庭為重心，不曾外出工作。由於A有社交恐懼，長照人員來訪時都躲在自己的房間裡。幾年後，母親出門前往日照中心時需要有人協助才能移動至門口，他負責將母親抱到玄關，才逐漸開始與長照人員對話。

然而母親過世之後，父親不需要長照服務，A因而失去與長照人員接觸的機會。他原本便拒絕參與社會活動，也不曾接受藺居相關支援，雖然因為母親需要照護而與外界有所接觸，卻又因為父親無須照護而斷絕與外人的連結。

個案2－②　案主：B（女性，五十多歲）

疑似罹患精神疾病。父母以保護女兒為優先，不願多加刺激，拒絕必要的支援。

親子雙方都拒絕支援

B疑似罹患精神疾病，卻不曾就醫，無法取得身心障礙證明[2]，自然也無法申請身心障礙年金與其他補助，完全仰賴父母的年金生活。

儘管如此，父母擔心破壞家中氣氛，不願意向外求助，傾向把問題隱藏在家中。每當外人來訪後，B總會大吵大鬧，施以言語暴力。父母也害怕申請長照居家服務會引發女兒反抗，態度消極否定。

造成外人難以介入的背景

部分個案的親子雙方都拒絕長照服務，或是繭居子女拒絕社會支援，導致一家人孤立無援。在這種情況下，外人更是難以伸出援手。

造成如此情況的其中一個原因是，繭居狀態者揮霍無度。根據家屬會調查（二〇一九），七十一例屬於此類型，多半是基於興趣等理由而出

2 憂鬱症的症狀使患者在日常生活處處受限，治療也往往曠日廢時，且治療期間可能無法工作，導致經濟窘迫，日本政府因此制定經醫師診斷評鑑，認定憂鬱症患者可取得身心障礙證明。日本的身心障礙證明稱為「障害者手帳」，共分三種，分別是「身體障害者手帳」「療育手帳」「精神障害者保健福祉手帳」。而憂鬱症患者取得的是「精神障害者保健福祉手帳」，取得證明者可使用各類社會福利，減輕生活負擔。蔡伯鑫醫師特別補充，在臺灣依據衛生福利部規定，身心障礙鑑定為「因創傷或罹患慢性精神、神經系統或內外科疾病，導致身體構造及功能損傷，經積極治療，仍明顯失能或長期（一年以上）失能者」，考量多數憂鬱症患者積極治療後少有失能問題，因此實務上精神科醫師很少對憂鬱症患者開立身心障礙證明，相對的其他診斷如思覺失調症、躁鬱症（雙向情感障礙）、自閉症類群障礙則較有可能取得身心障礙證明，個別情形建議就醫時與主治醫師討論。

門的「準繭居狀態」，而非「狹義繭居狀態」，推測是本人能出門到一定程度，為了興趣嗜好或遊樂費用一擲千金。揮金如土導致子女向父母伸手要錢，有的金額龐大到影響雙親生活，甚至改由子女管理父母的銀行戶頭。家長因為子女反對而無法申請長照服務，或是擔心子女的反應而自行拒絕。

另一個原因是，繭居子女對家人施以言語或肢體暴力，有的甚至會控制全家人。例如長照人員進行家訪時，母親無法在孩子聽得到的地方說出心聲，只能靠筆談表達。

其他原因是雙親其中之一失智，全家生活因而陷入困境。失智症導致病人的判斷力下降，無法自理生活，居住環境也因此惡化。處於繭居狀態的子女無法妥善照顧病人，最後放棄照護。

申請長照服務需要選擇、決定、調整，這些都是十分耗費精力的行為。**苦於子女繭居的家庭往往已經沒有餘力思考繭居以外的問題。**

難以區分是否為繭居

前文介紹的父母多半在還未年老時無法向外界諮詢子女的問題，儘管孩子的情況已經符合「繭居狀態」，卻不曾想到「繭居」一詞。

以川崎市隨機殺人事件為例，鄰居曾經目睹加害人外出購物，卻不清楚實際的生活情況。報導指出，加害人曾經離開養父母獨立，也有過工作經驗。數年前再度與養父母同住，生活作息卻一直和養父母錯開。大家雖然住在同個屋簷下，卻好幾年不曾見面。不少家長也是相同情況，所以根本不知道子女出門的目的地，也不清楚其人際關係。

相反的，前面提到「繭居是一種狀態，進入繭居狀態者出於各種原因迴避參與社會相關活動，基本上活動範圍限於家中，時間長達六個月以上」，也因此，**對於同住的家人而言，實在難以區分子女「無業待在家裡」與「繭居」的差異。**

另外，許多人或許不算是繭居，卻因為孤立無援而面臨許多生活課題。例如個人或全家疏離孤立、居住環境有待改善、拒絕外界援助。換句話說，這些問題正代表著，單純以「是否處於繭居狀態」的角度來掌握個案情況與提供支援有其極限。無論是否符合繭居狀態，希望家屬能因為長照需求、貧困、精神疾病、家人關係惡化等原因向外求助，或是周遭的親朋好友建議家屬接受援助。

「可能陷入孤立無援」的家庭

從社會脈動的角度剖析，**所謂的八〇五〇問題絕非只是繭居狀態者高齡化所引發的結果，而是人口老化之後，年輕人缺乏穩定的就業環境、單身人口增加等過往所忽略的各類問題，逐一浮上檯面。**

值得注意的是高齡父母與中年子女同住的現象。這種即使出了社會仍然與父母同住的壯年人，在過去稱為「單身寄生族」（Parasite Single），基本生活開銷都推給父母支付，過著寬裕的生活。然而時至今日，和父母同住的繭居子女卻是因為收入遠遠不如上一輩，無法自立門戶，才不得不繼續留在老家。

對於日本年輕人而言，平成這個年號象徵苦悶的時代。首先是平成二年至十一年，也就是一九九〇年代泡沫經濟破滅，許多大學畢業生紛紛找不到工作。過去日本年輕人的就業情況是「模範生」等級，從未像其他國家出現年輕人失業，甚至淪為街友的問題。這可說是日本自第二次世界大戰結束以來，適逢就業年齡的勞動人口首次面對求職困難，僱用方式也逐漸傾向非正職。由於從未充分認知這個世代的實際面貌，日後便出現許多相關社會問題。

終身單身率節節高升與不離家獨立

從家庭生活的角度分析，出生於平成時代的年輕人生活也不同於過去的時代。男性的終身單身率截至一九八五年為一%至三%，到了二〇一〇年提升至二〇．一%，推估到二〇四〇年將暴增至二九．五%；至於女性的終身單身率到了二〇四〇年，可能由二〇一〇年的一〇．六一%增加至一八．七%（圖表2－1）。雖然不能一概而論，經濟能力確實嚴重影響結婚與否，尤其在日本，男性年薪愈低，單身比例愈高。

除了單身人口日漸增加，與父母同住的比例也逐漸提升。四十歲至五十九歲與父母同住者在二〇〇五年為一百九十三萬二千人，到了二〇一五年增加至三百三十九萬八千人，**與父母同住的總人數甚至超越獨居人口**，其中無業人口為七十七萬三千人（圖表2－2）。

此外，又依據性別與地區而有所不同。二〇一五年人口普查顯示，

圖表 2-1　終身單身率的變化

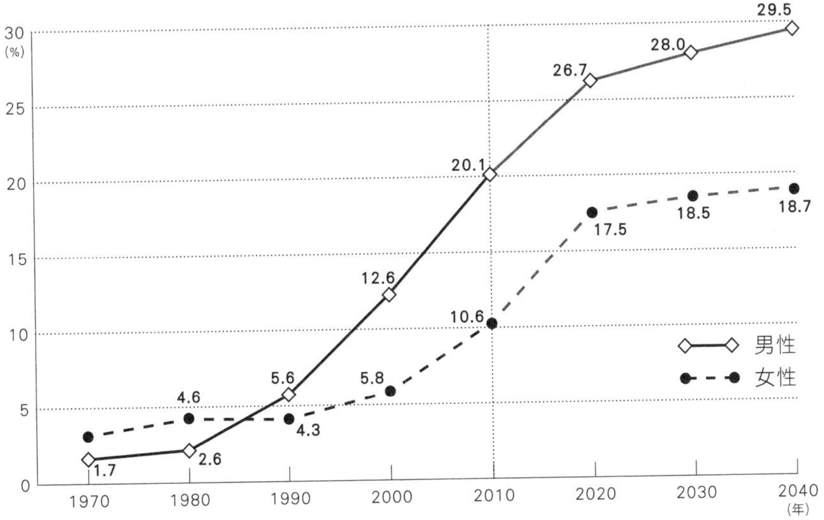

※2010年之前的資料摘自國立社會保障與人口問題研究所編輯之《人口統計資料集2016》，
2010年之後的推估數值摘自2013年的「日本未來推估戶數（全國統計）」。

四十歲至五十九歲與父母同住且單身無業者，男性占二・八%，女性占一・七%。而由地區分析，比例較高的是青森縣（三・一二%）、沖繩縣（二・九四%）、德島縣（二・八六%）；比例較低的是滋賀縣（一・六七

圖表 2-2　40 歲～ 59 歲單身人口的情況

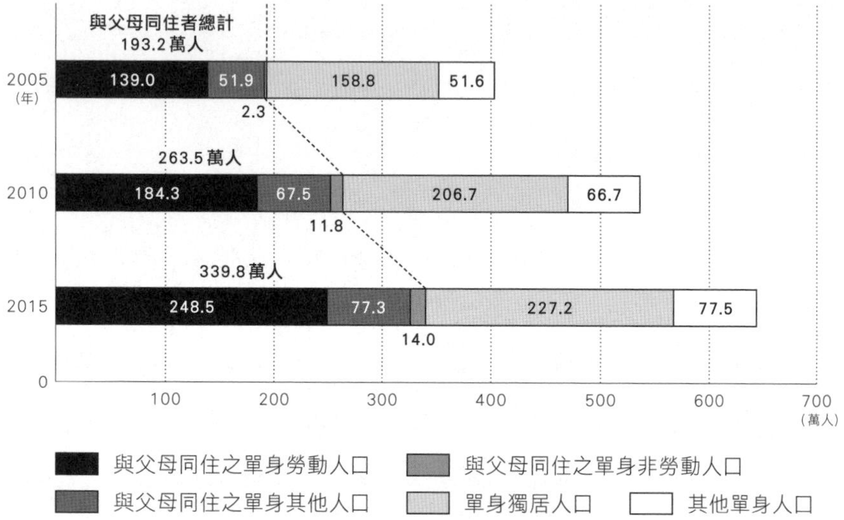

※根據人口普查「家庭結構等基本統計」製表。

%）、福井縣（一・七一%）、東京都（一・八三%）。

第一章提到的內閣府的兩項調查（針對三十九歲以下者之調查與針對四十歲以上者之調查），是為了找出各地區繭居人口而特地進行，想必耗費了不少經費，其實活用既有的官方統計數據便能推算出可能孤立無援的人口。

可能導致全家一起垮的經濟因素

目前屬於「七〇四〇家庭」或「八〇五〇家庭」的人口日益增加。這些家庭的單身子女人數也隨之變化（圖表2－3）。

這些家庭的單身子女相較於同齡的獨居者，經濟較為拮据。根據公益財團法人年金與高齡化政策綜合研究機構（The Research Institute for Policies on Pension and Aging）於二〇一五年針對二千零八十三人所做的調查，年薪不滿一百萬日圓的男性占二五．四％，女性占三八．五％。其中從事非正職工作的男性占一九．六％，女性占三四．七％；無業的男性占一八．七％，女性則攀升至二〇．三％。**儘管親子同住在一個屋簷下，子女這一輩屬於經濟弱勢族群，要是父母哪天衰老或病倒，難保不會全家一起垮。**

下一代經濟拮据的典型例子，正是目前四十歲至四十九歲的人口。

圖表 2-3 「7040 家庭」與「8050 家庭」中的單身子女情況

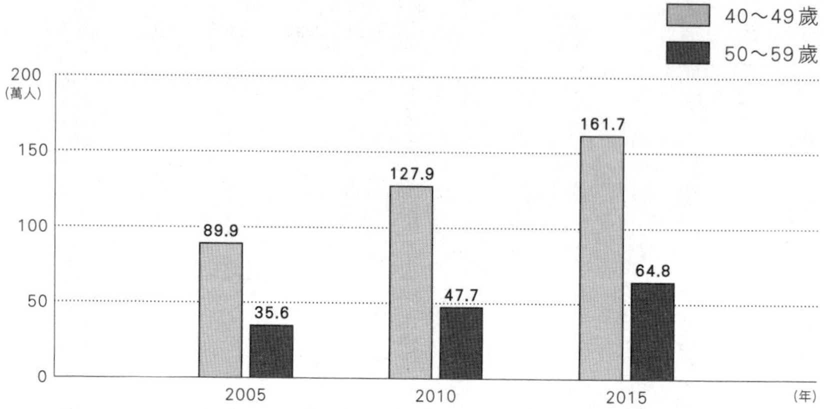

※根據人口普查「家庭結構等基本統計」製表。

當年在泡沫經濟破滅初期，也就是一九九〇年代畢業與求職的年輕人，現在差不多快要五十歲了（一九九一年度大學畢業的新鮮人在二〇一九年將近五十歲）。二〇〇三年開始求職的世代在日本稱為「求職冰河期世代」，現在是三十五歲至四十九歲。近年來八〇五〇家庭與繭居狀態者高齡化之所以逐漸成為社會問題，正是受到這些年齡層的動向影響。

第二次嬰兒潮世代與非勞動力人口的比例

進一步分析二十歲至五十九歲人口中各年齡層的「非勞動力」人口可以發現，無論是哪個世代，儘管一開始求職時不甚順利，大多數人在三十歲至三十九歲時都能有個穩定的工作，非勞動力人口的比例跟著下降；進入四十歲至四十九歲時離職率又再度提高，非勞動力人口隨之增加。其中又以第二次嬰兒潮世代，也就是一九七一年至一九七四年出生者（目前四十五歲至四十九歲者）的非勞動力人口比例持續走高（圖表2-4）。

從家庭結構與人口變化剖析八〇五〇問題，會發現是必然且無法恢復原狀的課題。人口高齡化與不婚化的傾向預測會一直延續到二〇四〇年。**八〇五〇問題的實際情況雖然近來才為人所知，卻絕非立刻就會消失的暫時現象，而是已經無法忽略的現實。**

圖表 2-4　各個世代的非勞動力人口

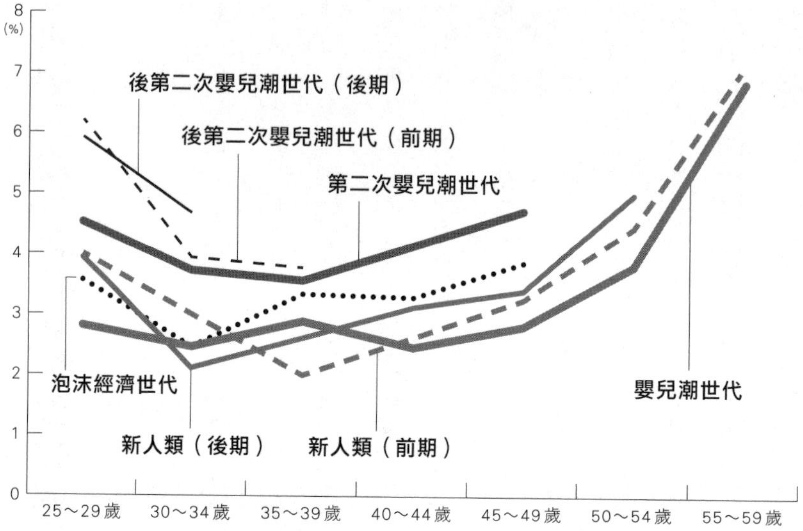

- **嬰兒潮世代**：1947～1949年出生者。
- **泡沫經濟世代**：1965～1969年出生者。
- **第二次嬰兒潮世代**：1971~1974年出生者。
- **後第二次嬰兒潮世代**：1975～1981年出生者。
- **新人類世代**：1955～1965年出生者。

※根據下田裕介〈第二次嬰兒潮世代的真實情況：造成「不幸世代」的日本經濟與社會所面臨的課題〉（日本總研《JRI review》VoL.5, No.66, 2019）製表。

任何人都可能陷入孤立無援

現在獨居的人也好，和父母同住的人也好，步入晚年孤立無援並非少數人才會面臨的狀況。**四十歲至五十九歲的單身人士與六十五歲以上的高齡人口逐漸增加，各自都可能面臨孤立無援的問題**（圖表2–5）。

獨居的單身人士所面臨的風險是孤獨死。內閣府於二〇一二年調查六十五歲以上的獨居男女，結果發現高達四五．五%的人覺得自己極有可能孤獨死——**無人送終，死後一段時間才被發現，遺體維持原狀。**根據職掌法醫業務的東京都監察醫務院於二〇〇六年的調查，孤獨死以男性居多，五十歲出頭的個案也不稀奇，可能是因為孤獨死之前陷入無法維持健康與衛生的狀態，處於「放棄照顧自己」的境地。繭居狀態的單身者也是可能孤獨死的族群。

與父母同住的單身人士包括無業或處於繭居狀態，當父母生病或過

圖表 2-5　不同族群的孤立無援風險

	獨居	與父母同住
40～59 歲的單身人口	227.2 萬人（2005 年為 158.8 萬人）	339.8 萬人（2005 年為 193.2 萬人）
65 歲以上的高齡人口	592.8 萬人（2005 年為 386.5 萬人）	

可能放棄照顧自己或孤獨死（40～59 歲的單身人口・獨居）

可能無業或繭居（40～59 歲的單身人口・與父母同住）

可能放棄照顧自己或孤獨死（65 歲以上的高齡人口・獨居）

可能親子一起倒下（40～59 歲的單身人口・與父母同住）

可能為了照護離職（40～59 歲的單身人口・與父母同住）

※單身人口的資料摘自人口普查「男女別一般家庭與家屬」（2015），與父母同住者的資料摘自人口普查「家庭結構等基本統計」（2015）。

世，失去家中支柱，整個家庭極可能分崩離析。為了照護父母而辭去工作的人也可能因為遠離社會的時間過長，產生社交恐懼，失去社會網絡，一旦父母過世，極可能面臨孤立無援的問題。

我們正處於所有人都可能孤立無援的時代。

全家一起倒下引發的棄屍事件

前面提及的個案至少還有支援人員關心，仍有一線希望防止這個家庭的社會網絡日漸薄弱。然而部分個案因為缺乏與外界接觸，無人發現其困境，最後全家一起倒下。例如繭居狀態或無業的子女依靠父母扶養，父母病倒後喪失經濟來源；原本負責照護父母的子女身體不適，無法再擔起照護責任等，其中甚至造成發現時已經全家死亡的悲劇。

這幾年來也出現好幾則新聞是父母撒手人寰後，子女無法採取適當的應對，疑似構成遺棄屍體罪。二〇一四年在愛知縣名古屋市，發生一起年邁母親過世導致女兒遭到逮捕的事件。女兒C（四十三歲）在母親（七十六歲）顱內出血、失去意識時無法對外聯絡與求助，母親最後死亡，警方以違背義務之遺棄罪為由逮捕C。

C在小學六年級時遭到旁人嘲笑外貌而拒絕上學。從此三十多年來一直蘊居家中，只有將近二十歲時曾經去過醫院一趟。父親早在事件發生的十二年前過世，母女兩人仰賴母親的年金與存款過活。

然而該年春年，母親失智症惡化，又在家中骨折，無法外出。C必須擔起照護母親的責任，於是戰戰兢兢地開始出門。

「空白了三十二年，什麼也不知道，什麼也不會。」

「我能去××超市了。」

「收銀人員問我話，我答不出來。有人跟我搭話，我就很緊張。」

這是她當時的日記內容，看得出來儘管忐忑不安，還是嘗試與外界接觸。事件發生在她開始外出後一個月。

檢察官在法庭上詢問C發現母親失去意識時的心境，她表示：「我希望有人來救媽媽，不過害怕見人的恐懼心理壓過求助的意志。」六天過後，她才告訴住在市區的女性親戚「媽媽沒有呼吸」，對方因而報警。

法官看在C直到事件發生為止都努力照護母親的分上，最後判處三年有期徒刑，緩刑五年，交付保護觀察。據說她在法庭上表示：「我沒有好好振作起來，讓媽媽吃了很多苦，我很對不起她。」

鄰里的角色是發現孤立無援的家庭

倘若今天鄰居發現這對母女孤立無援，也許就不會發生這起悲劇。

民生委員會與里民自治會（類似臺灣的鄰里長）會不時舉辦研習，以解決部分居民社會網絡薄弱的問題。自從發現八〇五〇問題，研習有時會以支援孤立家庭為主題，此時最常聽到的提問是：「該怎麼發覺孤立無援的家庭呢？」

倘若是高齡夫妻或是獨居老人，旁人通常會擔心他們疏離孤立，然而與子女同住的老人家往往被視為沒有風險。因此注意範圍必須由老年人擴大到親子同住的家庭。

接納所有人的支援窗口

另一個令民生委員會和里民自治會在意的是：「發現有問題的家庭之後，該轉介到哪裡去呢？」

負責支援家庭的社會福利單位在前面稍微提過。首先是以高齡者為主要服務對象的「地區綜合支援中心」，他們協助的是八〇五〇家庭中的「八〇」（家長）端，「五〇」（子女）端則不屬於受理範圍。另外還有與其合作的「自立諮詢支援窗口」，成立目的是協助生活貧困的民眾。

日本在二〇一五年施行《生活貧困者自立支援法》。「生活貧困者」的定義是「出於就業情況、身心狀態、地區社會網絡等原因，致使目前經濟拮据，可能無法維持最低限度生活者」（《生活貧困者自立支援法》第三條），對應的支援則為「維護生活貧困者之尊嚴，同時配合其就業情況、身心狀態、缺乏地區社會網絡等狀況，早期施以綜合支援」（《生活貧困者自立支援法》第二條）。法條中，負責「施以綜合支援」的就是自立諮詢支援窗口。

此外，繭居支援或青年支援的協助對象往往設定為三十九歲以下，而自立諮詢支援窗口沒有年齡限制或對象範圍，或許能處理伴隨繭居狀態長期化與繭居狀態者高齡化而日益複雜的課題。

自立諮詢支援窗口在全日本共有一千一百八十九處（截至二〇一八年七月），主要位於地方政府（主要為市）設置的社會福利行政機關「福祉事務所」之中，約九百處；此外，部分都道府縣則在町村（類似臺灣的鄉鎮）也設立窗口，或是同一個地方政府設立好幾種窗口。

窗口的營運方式分為兩種，一種是市公所等行政單位直接負責，另一種是委託社會福祉協議會等民間組織。

造訪支援窗口的年邁母親

一名七十多歲的老太太造訪自立諮詢支援窗口，表示「我想工作，請給我工作」，理由是「存款已經花得一乾二淨，家裡都沒錢了」。進一步探究手頭拮据的原因是「家裡有個四十多歲的兒子，已經好幾年沒收入，都靠我養」。四十多歲的兒子仰賴母親扶養，有時還會伸手要錢，甚至對母親暴力相向。

乍看之下，老太太的要求與煩惱是「家裡沒錢」所以「想要工作」，隱藏於背後的真正煩惱是「兒子繭居在家，還會對我家暴」。其實許多前來求助的人都不知道「繭居」一詞，或是沒意識到家人的情況符合「繭居」的定義。

儘管行政單位或民間組織成立了繭居諮詢窗口，處於繭居狀態的本人不見得正確認知到自己的狀況。相對於此，自立諮詢支援窗口多半取作「生活與工作諮詢中心」等名稱，服務對象更為廣泛，因此有機會接觸更多民眾。

根據KHJ於二〇一八年針對自立諮詢支援窗口所做的調查（以下簡稱「家屬會調查（二〇一八）」），回答的一百五十一處窗口中處理過繭居狀態者個案的比例高達八八·一%，案主年齡以四十歲至四十九歲居冠（圖表2–6）。

圖表 2-6　曾處理繭居狀態者個案的窗口數量與比例

（回答人數為151處窗口，答案可複選）

繭居狀態者年齡	窗口數量	比例（%）
10～19歲	42	27.8
20～29歲	83	55.0
30～39歲	91	60.3
40～49歲	92	60.9
50～59歲	77	51.0
60～64歲	24	15.9
65歲以上	13	8.6
有處理經驗	133	88.1

※根據KHJ全國繭居狀態者家屬會聯合會的調查（2018）製表。

最常經手繭居個案的是非營利組織，其次是民間組織的社會福祉協議會營運的窗口，接下來是行政機關的窗口。另外，都會區的窗口比鄉村更常接觸繭居個案。儘管接觸的個案數量依地區不同而略有差異，在不限諮詢對象的活動遇上繭居問題並不稀奇。

由於並非所有人都了解繭居的定義，回答「不曾接觸過」的窗口實際上可能是處理「家庭問題」或「尼特族」時遇上繭居問題。

窗口過去經手的繭居個案

家屬會調查（二〇一八）中，請自立諮詢支援窗口挑選一例繭居狀態者為四十歲以上的個案，並分享細節，一共蒐集了一百零九例。值得注意的是「父親過世」的個案共五十三例，近乎一半；「母親過世」者也有二十七例。雙親其中之一的失能程度為「需要照護」者共十四例，「失智」者共二十例。

這些家庭中除了有繭居問題以外，還面臨其他課題。除了占比最高的求職與就業相關課題，人際關係、經濟拮据、心理疾病或障礙等相關問題也引人注目（圖表2－7）。為了因應

圖表 2-7　繭居以外的課題（可複選）

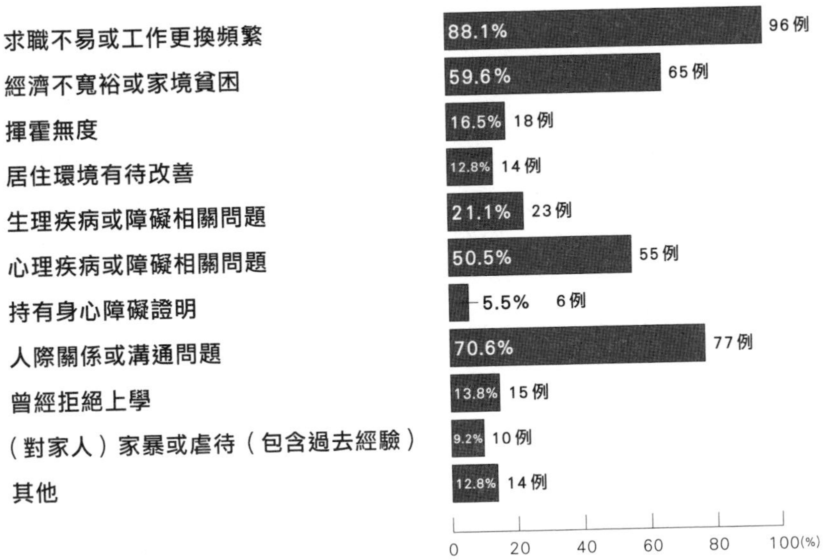

※根據KHJ全國繭居狀態者家屬會聯合會的調查（2018）製表。

這些問題，自立諮詢支援窗口除了與就業輔導中心等就業相關窗口合作之外，也與協助低收入戶、身心障礙的行政窗口，以及衛生所、衛生中心、精神福祉保健中心等醫療相關行政機關與醫療院所攜手，共同協助個案。

錯過諮詢階段的家庭

青壯年的繭居諮詢多半始於家長擔心子女，於是造訪相關窗口求助。隨著子女的繭居狀態長期化，要這些已經邁入晚年、需要長照服務的家長為了孩子的問題向專業人士求助並非易事，許多甚至已經年老體衰或離開人世。川崎市隨機殺人事件和地區綜合支援中心所遇上的個案也是如此。

以下介紹當父母需要長照服務或確定進入長照機構，自立諮詢支援窗口（以下簡稱「支援窗口」）主動協助的個案。

個案2－③　案主：D（男性，四十多歲）

D有強烈的社交焦慮。支援窗口用心與他建立信賴關係，最終得以自行向外求援。

腳踏實地建立信賴關係

D的父親已經過世，和七十多歲的母親同住。母親接受長照服務，並透過支援長照的專家「照護經理」（Care Manager）聯絡支援窗口，表示「擔心兒子的將來」。

D由於學生時代遭到霸凌，自此陷入繭居狀態。後來社交焦慮與強迫症等精神疾病發作，不便外出，也難以接受支援人員來家庭訪問。然而支援窗口從未放棄，依舊定期打電話給他，並在照護經理的幫忙下，向母親請教兒子的成長過程與家中的經濟狀況，建立起母親也協助D的支援體系。

有一天，D在自家受傷，自行前往支援窗口，表示希望對方陪同就醫，支援窗口終於和本人見到面。由於支援窗口取得D的信賴，加上透過長照機構與母親保持聯絡，終於促使D親自開口求助。距離D上次出門已經過了十年。

＊＊＊

母親年老體衰，無法自行前往支援窗口諮詢兒子的繭居問題，於是由負責長照事宜的照護經理確認孩子的成長過程等詳情。由於多個機構攜手合作，用心蒐集資訊，終於打動D本人向外發聲求助。

然而前面也提到，部分家長會因為子女繭居而抗拒或避免使用長照服務，因此如何促進家長保障自己的權利，或透過援助子女促使家長得以安心等諸多課題，尚有待克服。

家屬會調查（二〇一八）顯示，更為高齡的個案情況是，父母住進長照機構或過世，導致繭居子女獨自留在家中生活，以下是相關個案。

個案2－④ 案主：E（男性，五十多歲）

父母相繼離世後，E與外界完全斷絕聯繫。支援窗口與義工合作，透過提供食物與他建立起信賴關係。

「領低收入戶補助還不如死了算了」

E拒絕社交與援助，支援窗口耗費了好長一段時間才和他建立起信賴關係。長期以來，E的社交對象僅限於醫師等極少數的人，不會輕易相信他人，對於建立新的人際關係興趣缺缺，和支援窗口面談時也不願提供資訊，拒絕合作。

後來，支援窗口改為與義工團體合作，藉由提供食物等具體協助，持續與E聯絡。最後E終於態度軟化，開始說起自己的故事。

E剛開始對這些支援的想法是：「像這樣勞師動眾，讓大家花費心力照顧我這種人，實在很過意不去。」之後心態逐漸轉為正向積極，開始覺得：「謝謝大家都這麼幫我，我也想努力看看。」儘管如此，他仍然拒絕申請低收入戶補助，表示「領低收入戶補助還不如死了算了」，然而身體不適等因素導致無法就業，生活愈來愈困難，終究還是領取了低收入戶補助。

個案2-⑤ 案主：F（男性，五十多歲）

母親住進長照機構後，F一直獨自生活，不曾與外界接觸。即使支援窗口確認F平安無事，卻無法與他建立關係。

錯過支援時機

母親原本接受長照居家服務，後來決定入住長照機構，F因而開始獨自生活。負責長照業務的地區綜合支援中心趁著這個機會向支援窗口尋求協助。但支援窗口登門造訪時不僅按門鈴無人應門，F還鎖上門，拒絕見面。

幾個月之後時值夏日，支援窗口判斷F手頭現金所剩無幾，擔心他可能脫水或沒有進食。由於暫時無法確認是否平安無事，聯絡行政相關單位協助，終於得知尚在人世。

支援窗口回顧過去的情況表示：「其實我們本來有機會跟F建立信賴關係，可惜後來母親入住長照機構，所以錯失良機。要是當初長照人員與照護經理進出家中時，請他們向F介紹我們就好了。」支援窗口目前正摸索如何藉由確認F的生存情況來進一步建立關係。

＊　＊　＊

由於母親需要長照，長照相關人員開始進出家中，然而來不及處理F的繭居問題，母親便入住長照機構了。支援窗口只得以最困難的方式，也就是直接接觸獨自留在家中的F。因此理想狀態是，長照人員進入家中的階段就與支援人員攜手合作。

支援獨自留在家中的繭居狀態者

上面兩例個案的繭居狀態者在父母過世或入住長照機構後，一人獨居家中。關於「父母死後」的生活，聽過許多家庭的悲痛傾訴：

「我們要是死了，孩子可能會絕望到活不下去。」

「要是爸媽早一步走了，我應該會跟著去死。」

孤立無援的繭居狀態者是否斷絕了所有與外界的關聯、有無意願建立社會網絡，不應由外人任意判斷，而是從多種角度深思熟慮他們究竟在生活上需要什麼，又想要什麼。

個人隱私與介入支援

支援孤立程度嚴重或不曾自行求助的個案時，必須尊重本人與家屬的隱私和決定，介入時不得採取違反意願的行動。然而發現可能有生命危險或健康狀態有異時，又必須以人命為第一優先。第一線人員經常面對究竟該尊重本人意願還是搶救生命的難題。因此必須重新檢視制度，審慎討論包括支援端的權限等課題。

支援人員的難處

當家長老去，無法向支援窗口諮詢孩子的繭居問題時，身為外人的支援人員直接與子女接觸並非易事，前面也介紹了這類個案，有的順利與本人建立起關係，卻也有多例遍尋不著接觸的機會。筆者透過分析家屬會調查（二〇一八），彙整支援人員眼中的難題。

首先最耗費的是時間，有時甚至要花上好幾年。第一線人員表示：「花了半年才見到本人。」「非常勞心勞力，覺得人手不足。」支援需要時間與耐力，與援助對象建立人際關係又耗費心力。有時也會發生支援中斷的問題，例如好不容易與支援人員接上線，卻又因為人事異動而中斷。

另一方面，也經常聽到這樣的建議：「繭居狀態很難出現明顯改善，不能心急。」「欲速則不達。」換句話說，支援端需要充沛的人力與時間。然而隨著繭居時間愈長，接觸愈是困難。「改善需要時間」的背後其實隱藏了支援端的疑問：「難道就不能早點來找我們商量嗎？」某位支援人員曾經嘆氣表示：「我感覺很多情況是因為父母過世，無人扶養，或是因為父母生病無法繼續照顧，才終於來找我們。」

本人與家人都並未察覺自己的困境

在外人眼裡，繭居狀態者與其家屬應該察覺到自己面對孤立無援的危機；然而第一線的支援端卻表示，除非發生家長過世等不得不有所為的情況，否則這群人不願意接受支援。也就是兩方對繭居困境的認知有所落差。

另外，家屬往往害怕改變現況，並不願意接受進一步的支援。例如當支援人員拜託家長讓自己和孩子見上一面，部分家長卻表示：「我沒辦法跟兒子說我去找自立諮詢支援窗口……」

蘊居狀態不是一朝一夕便能解決的問題。許多家屬認為，聯絡支援人員便能迅速解決問題，期盼立即看見顯著成果。然而從與本人接觸，直到願意接受援助，都需要耐心等待，重回社會與就業也必須按部就班，無法一蹴可幾。當遲遲無法看到明顯改變，家屬於是不再與支援端聯繫。

此外，也收到一些支援端的意見是「擔心自己的蘊居支援不夠專業」或「所在地區的支援合作體系不夠充分」。

如何支援蘊居狀態者與八〇五〇家庭？

日本社會直到最近才著手處理八〇五〇問題。這些由長照相關人員透過照護，或由不分年齡與對象的自立諮詢支援窗口所接觸的八〇五〇家庭個案，今後想必會持續增加。

另一方面，看在外人眼裡，這一家人已經陷入困境、急需救援，繭居狀態者與家屬卻遲遲不願接受支援端的提案也是不可忽視的現狀。這些家庭直到瀕臨極限才終於打開家門，尋求外界支援，卻又難以接受具體的支援方案。這代表必須重新審視既有的「家庭」與「繭居」的觀念。

本書後半段將分析過往繭居支援的發展狀況與今後所需的觀點。

第三章

繭居支援的線索

ひきこもり支援の糸口

針對無業或繭居狀態者的支援

川崎市隨機殺人事件與練馬區殺人事件促使社會大眾重新注意繭居問題。然而過去日本對繭居狀態者與家屬提供了哪些支援呢？

年輕人的就業問題於一九九〇年浮上檯面，因此開始針對不上學、不就業，也沒受過職業訓練的無業和繭居狀態青年，建立起諮詢支援的制度，首次將繭居狀態者納入支援範圍。直到二〇〇〇年左右發生數起與繭居狀態者有關的事件，進而推動政府制定相關政策。

如今過了將近二十年，日本是否已經建立起完整充分的諮詢與支援體系了呢？以下剖析現狀與課題。

代表性諮詢窗口

當家人陷入繭居狀態，應當向哪個機構求助呢？離家最近的諮詢窗口又是在哪裡呢？相信大多數人都毫無頭緒。

代表性的諮詢窗口是「地區繭居支援中心」，設置於各都道府縣與政令指定都市（類似臺灣的直轄市），通常附屬於醫療行政機關「精神保健福祉中心」。精神保健福祉中心多半名為「心理健康諮詢」，主要業務是精神保健諮詢（心理健康相關諮詢）。另一個窗口是「自立諮詢支援窗口」，這是根據《生活貧困者自立支援法》所成立的單位，窗口名稱多半是容易親近的「生活與工作諮詢中心」。建議大家事前確認自己居住的地區是使用何種名稱。

然而，地區繭居支援中心大多僅設在都道府縣的行政機關所在地或直轄市，自立諮詢支援窗口也多半設置於市公所等處，因此住家較遠的民眾可能無法長期利用。建議去電窗口，請對方介紹住處附近提供繭居諮詢的機構或團體。

部分民間非營利的支援組織也提供「建立歸屬型支援」，讓繭居狀態者有個能交流的地方，也提供家庭訪問。KHJ則協助具有相同煩惱的家屬分享經驗。此外，本書介紹的制度執行方式依地區而異，建議大家向當地的地方政府洽詢詳情。

繭居狀態者乍看之下大同小異，實際上每個人的煩惱和必須優先解決的問題大相逕庭。換句話說，每個人都有各自的「需求」（煩惱或願望）。以下介紹長野縣地區繭居支援中心（以下簡稱「支援中心」）編輯的手冊所收錄的個案（部分描述有所更動）。

個案3－① 案主：G（男性，二十多歲）

家長接受支援中心的建議，改變對待G的態度，進而促成G主動就醫。

支援端向心急的父母提出建議

G從職業學校畢業後初入職場，工作了八個月突然曠職，最後辭去工作。由於父母屢屢催促G求職，他於是不再與家人一同用餐，躲在自己房間的時間也愈來愈長。父母不知所措，因而造訪支援中心，詢問如何解決問題。支援中心的建議是：「雖然G沒有說出口，其實心裡不安又難過，家人相處時要多留意」；「不要太過期待事情能迅速解決」；「如果發現G身心不適，最好及早就醫」。

父母聽從支援中心的建議，從隔天起看到G出現在客廳便主動向他打招呼，也會一起看電視，嘗試聊一些與工作無關的話題，家中氣氛因而逐漸和緩，G的表情也不再緊繃。父母還分配一些簡單的家事交給G，只要他做到了就發零用錢。

漸漸的，G開始與家人聊天互動，他說起自己當時曠職是因為失眠、失去幹勁，加上慢性疲勞，實在無法繼續正常工作。後來透過支援中心的介紹就醫，持續服用精神科醫生處方的藥物，恢復正常的睡眠狀態，做家事的次數也增加了。改善身心狀況之後，支援中心進一步轉介他到提供就業輔導的「地區青年支援站」，正式開始工作之前先進行求職相關諮詢。

階段性支援體系

以前面的個案3-①來說，又分為數種支援階段。

首先，解決繭居問題的第一步驟不是「解除繭居狀態」。倘若這個家庭氣氛惡劣，支援端接觸G本人之前，應當建議父母先改變對待兒子的態度。等到家人之間能輕鬆聊天，G自然會吐露煩惱，父母想告知相關支援資訊時也不會感到難以啟齒（**「家屬輔導」**）。

接著，G接受重回社會的輔導之前，先前往精神科接受治療，恢復身心健康。儘管本人「想去工作」，家屬也「希望他去工作」，然而經歷過工作空窗期的人多半需要先重建心理健康或讓生活作息恢復規律（**「個人輔導」**）。

此外，重新參與社會之前還需要先練習接觸人群，找到家以外可以安心停留的場所（**「建立歸屬型支援」**）。

經歷了這些階段，本人也有意願，才會進入就學或就業等下個階段。

協助G求職的地區青年支援站，是厚生勞動省於二〇〇六年成立的先導示範機構，目的是輔導青年（多為三十九歲以下者）就業。地區青年支援站會提供諮詢以解決就業的不安與煩惱，也會舉辦社團活動協助練習與人群接觸，同時提供職場體驗與電腦課程。

除此之外，根據《生活貧困者自立支援法》提供的諮詢服務還有「就業支援」，也有根據同法設立的職前訓練「就業準備支援事業」（各地方政府自行制定施行辦法）。而《障礙人士綜合支援法》制定的就業輔導制度則有「就業移行支援」與「就業繼續支援」。前者類似職前訓練，輔導希望進入一般企業工作的對象；後者類似庇護性就業與社區日間作業設施，協助難以進入一般企業工作的對象。每種輔導方式都會提供一定期間的必要訓練，教導就業所需知識與培養工作能力（**「就業輔導」**）。

支援不見得要依照上述的「家屬輔導」↓「個人輔導」↓「建立歸屬型支援」↓「就業輔導」的順序，最重要的是配合本人與家屬的需求，提供結合多種支援方式的方案，例如以下就是配合個人需求來提供援助的個案。

個案3－② 案主：H（女性，二十多歲）

H從高中時開始拒絕上學，害怕與同儕交流。非營利的支援組織介紹她可以安心交流的場所。

建立歸屬型支援協助案主與同儕重建關係

H由於高中時拒絕上學，陷入繭居狀態，也和朋友斷了聯繫。

繭居五年之後，在母親的介紹下H戰戰兢兢地參加了一個活動，是由支援拒學學生的非營利組織所舉辦，出席的都是二十多歲的年輕人。H的同儕多半喜愛討論時尚或流行話題，她很不擅長和這些人相處。支援端發現她的煩惱，於是在聚會時安排支援人員居中拉線，她因此交到一樣喜歡動畫的同齡朋友。

H原本立志當聲優，但由於業界看重實力，擔心難以實現夢想。有一次她帶著自己做的蛋糕參加聚會時大受好評，進而發現自己的長處，後來決定進入餐飲相關的職業學校。

＊　＊　＊

像Ｈ一樣，「感覺自己在這裡獲得接納」其實都是支援人員特意安排的成果。支援端舉辦活動時，會特別招呼無法融入小圈子的出席者，因此即使是原本不擅長與人交流的人，去了也不用害怕被晾在一旁。Ｈ藉由參與聚會連結個人興趣，久而久之摸索出自己未來的方向，得以進展到下一步。

個案3—③　案主：—（男性，三十多歲）

地區青年支援站提議—出席認識自我的課程，並指導職場生活訣竅，進而促使—求職成功。

透過就業輔導了解自己的專長與弱點

I由於行政工作屢屢出錯而挨罵。他也不擅長與同事聊天，午餐時間總是在自己的座位上看報。他擔心會被同事認為是「怪人」，最後待不下去，自己走人。在家生活幾年後，即將三十歲之際決定重回職場。他前往地區青年支援站，開始參加認識自我的課程，課程內容是出席者互相發表對方擅長與不擅長的事。

I經常忘東忘西、容易沉迷興趣，覺得自己可能有發展障礙。前往醫院接受診斷，發現自己是自閉症類群障礙。支援端得知後，教導他向上司請教的訣竅與避免累積工作壓力的方法。他之後應徵上餐飲店的計時人員，開始打工。

＊　＊　＊

像I這樣，「感覺自己完全無法融入職場」的年輕人，解決問題的關鍵是前往醫療院所接受診斷，了解發展障礙的特徵。與不同領域的出席者一起參加活動，能在活動過程中自然而然發覺自己的專長與弱點。

個案3-④ 案主：J（男性，三十多歲）
醫師診斷為憂鬱症，進而取得身心障礙證明，接受針對障礙者的支援服務。

藉由醫療恢復身心穩定

J原本是大學生，求職期間搭乘電車前往面試的途中恐慌症發作，後來連學校也去不了。醫師診斷為憂鬱症，並取得身心障礙證明。他雖然有心振作，卻大半天都待在家裡。

J待在家時由父親照顧。然而父親在他三十歲時罹患癌症。他因此對未來感到不安，藉由醫師的介紹，開始參加身心障礙者支援團體所舉辦的交流活動，在活動上聆聽其他固定前來參加的同伴傾訴煩惱，對支援工作產生興趣。支援端的負責人看好他個性溫和親切，幾年後提拔他成為「就業繼續支援」的輔導員。

針對身心障礙者的制度與福利

部分繭居狀態者罹患精神疾病，卻排斥前往精神科或精神保健福祉中心。然而接受診斷和提出申請，便能使用身心障礙者的社會福利。

這些社會福利包括建立歸屬型支援與就業輔導，前者是舉辦活動或提供場地讓身心障礙者交流，後者是協助求職就業。取得身心障礙證明後想進入一般企業工作的人，可以利用法律規定的身心障礙者定額進用制度，也可以以一般身分應徵，不需要特別告知資方或同事持有身心障礙證明。**是否利用身心障礙者所享的社會福利制度或福利，並不是二選一，而是複選題。**既可選擇利用的時機，也不見得一定要告知其他人利用與否。

支援體系的極限①——年齡造成的「斷裂」與「障礙」

隨著繭居狀態長期化、繭居人口高齡化，原有的支援制度逐漸無法應對現況。

第一個極限是年齡造成的「斷裂」。學齡兒童進入繭居狀態代表拒絕上學。倘若拒絕上學發生於義務教育階段，學校老師會來家庭訪問，兒童本人也可以前往教育委員會成立的輔導設施「教育中心」。然而過了就學年齡，基本上就無法取得這些支援了。

一旦國中時拒絕上學或高中時中途輟學，離開學校後陷入繭居狀態，不少人煩惱了好幾年也不知道該找誰商量。部分地方政府會先徵得家長的同意，於在學期間介紹畢業後的諮詢窗口，但這些措施都稱不上正式的支援。在學時的諮詢窗口與畢業後的繭居諮詢窗口分屬不同行政單位也有礙支援。

另一個極限是年齡造成的「障礙」。針對兒童或青年的支援上限多半到三十九歲。因此目前需要制定新的支援體系，協助壯年與中年的繭居人口。

支援體系的極限②——就業輔導的對象範圍縮小

支援繭居青年的典型方式是就業輔導。然而負責就業輔導的團體往往必須在短期內提出成果，因此不少團體表示不得不篩選服務對象，以容易找到工作的人為優先。

地區青年支援站過去是繭居問題的主要諮詢窗口，但為了避免與繭居地區支援中心的業務重複，從二〇一七年開始排除繭居狀態者。除此之外，二〇〇六年成立時的服務對象是「確定有意安排未來者」，到了二〇一五年則變更為「有意求職者」，令人懷疑支援範圍縮小。

現在，日本政府針對求職冰河期世代，也就是二〇〇三年開始求職、目前三十五歲至四十九歲的世代，制定了新的支援政策，增加這群人重返職場的機會，然而推出新政策的同時也必須評估過去針對兒童或青年的支援政策是否有效。據說二〇一四年編審預算時，討論過取消地區青年支援站。各地也傳來相關團體由於國家改變政策方針，於是放棄支援青年的業務。

支援體系的極限③——拒絕心理諮商

另一種典型的支援方式是精神保健福祉中心等處舉辦的心理諮商，許多家屬也是於此諮詢繭居問題。然而儘管家人建議繭居狀態者長期做心理諮商，本人卻往往排斥前往精神保健福祉中心，認為「我很普通，沒有問題」，不願面對與思考自己心理健康失調。這可能是因為社會大眾對精神疾病與身心障礙缺乏了解與接納。

繭居狀態者若經由醫療院所診斷為精神障礙或智能發展障礙，就有機會取得身心障礙證明或領取身心障礙年金，進一步利用社會福利。但前提是必須經由醫療院所診斷，而非進入繭居狀態就代表罹患這些障礙。此外，繭居狀態者與家屬對這些障礙也抱持負面的想法。

日本從二〇〇七年開始實施特殊教育。現在四十歲以上的民眾是在一九九〇年代從國中或高中畢業，因此就算身心狀態符合發展障礙的定義，不少人卻從未想過造成自己難以融入社會、生活不易的原因是發展障礙。

前面提過地區繭居支援中心多附屬於精神保健福祉中心，考量到許多人排斥心理諮商，應該可以從社會福利或社會教育等領域多方著手，呼籲繭居狀態者與家屬前來諮詢。

支援體系的極限④——家屬身心俱疲

筆者最後想說明家屬身心俱疲的問題。不少家屬向外求助，想藉由諮詢解決子女繭居問題，卻因為孩子抗拒而放棄，無法採取進一步的行動。而在八〇五〇家庭，年邁的家長委託長照時能一併諮詢子女繭居問題，有機會得以解決。

然而近年來由於單親家庭增加等問題，許多家長光是維持生計就已經筋疲力竭，無力為了子女前往窗口諮詢。目前的支援體系以建立歸屬型支援與就業輔導為主，但接受這些支援的前提都是家屬能保障子女的生活基礎。

個案3-①的案主願意接受支援，走出家門；不少個案依然如故，拒絕採取任何行動。繭居狀態者找到下一步的方向之前，家屬只能默默守候。部分支援人員表示：「我們提出很多建議，但是都無法取得本人和家屬的同意，只有讓時間不斷流逝。」

目前諮詢窗口面臨的問題是，許多家長已經無法再像過往的支援過程一樣，能不斷前來諮詢，長期支持子女。這個問題將留待第四章進一步探討。

目前的制度無法避免支援中斷

儘管政府施行針對兒童與青年的支援制度，許多人卻不是就業輔導的對象，或是無法申請社會福利，導致支援不足。針對四十歲以上繭居狀態者為對象的家屬會調查（二〇一七）就顯示，不少個案都曾經歷支援中斷。

佐賀縣的地區青年支援站調查二〇〇九年度使用支援服務的四百二十三人後發現，半數左右造訪過一個以上的支援機構，換句話說，不少人接受過支援卻又中途終止。此外，進一步調查接受過家庭訪問的人，發現六成以上對家訪抱持懷疑的態度。

一般青年支援的年齡上限為三十九歲，因此繭居狀態者一到四十歲便無法繼續接受支援。然而繭居問題並不會隨著年齡而自然消失。中高年的繭居問題不是四十歲以上人口專屬的課題，而是從兒童與青年時期延續到中高年。

即使現行支援體系尚有不足之處，充分活用每一項支援方式，還是可能貼近每一例個案的需求。以下介紹透過「陪跑型支援」改善的個案，陪跑型支援是一種可以橫跨各項縱向的支援體系，提供多元且適合繭居狀態者的支援選項。

個案3－⑤　案主：K（男性，三十多歲）

支援人員得知K喜歡職業棒球，透過分享職棒資訊與他建立信賴關係，進而介紹身心障礙相關社會福利。

根據家屬給予的資訊接近案主

K在大學三年級準備求職的階段，由於心理造成身體不適，於是繭居家中。父母看不下去，硬是說服他去就醫。他雖然會去看醫生和拿藥，病情卻沒有任何好轉的跡象。接著父母又建議他「如果覺得工作門檻太高，至少先嘗試當義工」，本人依舊不為所動。

支援人員從家屬口中得知K是職棒中日龍隊的球迷，於是寄給他一封寫滿職棒話題的信，但沒有得到回應。過了半年，支援人員再度邀請他一起去看球賽，他卻答應了。到了球場，他無視球賽，開始說起心聲：

「我有心想工作，但是連去打工都覺得好難。每次爸媽問我到底想怎麼做，我都不知道該怎麼回答。」

支援人員建議K利用身心障礙者的社會福利制度，前往庇護工場工作能賺到些許薪水，領取身心障礙證明則可享有免除交通費等福利。K聽了很心動：「原來有這些制度，我馬上就去申請。」第二天他立刻向當地地方政府的社會福利課申請家庭訪問，並請醫生開立診斷書，最後取得身心障礙證明。

必須提供資訊與選項

K雖然看了好幾年的醫生，卻夾在父母的期望與對就業的不安之間，導致家人關係長期惡化。他們只知道一般的求職方法，完全不知道可以利用身心障礙者的社會福利。使用這些福利需要醫師的診斷書，K符合使用條件，醫療院所卻不曾積極介紹與說明，可能是認為K不會同意吧！然而判斷本人是否「同意」之前，K獲得的資訊和選項真的充分嗎？

「陪跑型支援」是一種支援生活貧困者的理念與手法，支援端具備各類制度知識，提出適合對方需求的建議。尋找繭居狀態者的需求要從興趣、專長，甚至是喜歡的食物著手，這些看似與就業或繭居支援毫無關係，但正是做到如此細膩的評估，才能充分蒐集資訊與提供支援選項。

筆者藉由一張圖顯示蒐集資訊與提供支援選項的關係（圖表3-1），深色處是過去經常提供的選項，淡色處則是深入了解後提供更多建議。

圖表 3-1　蒐集資訊與提供支援選項

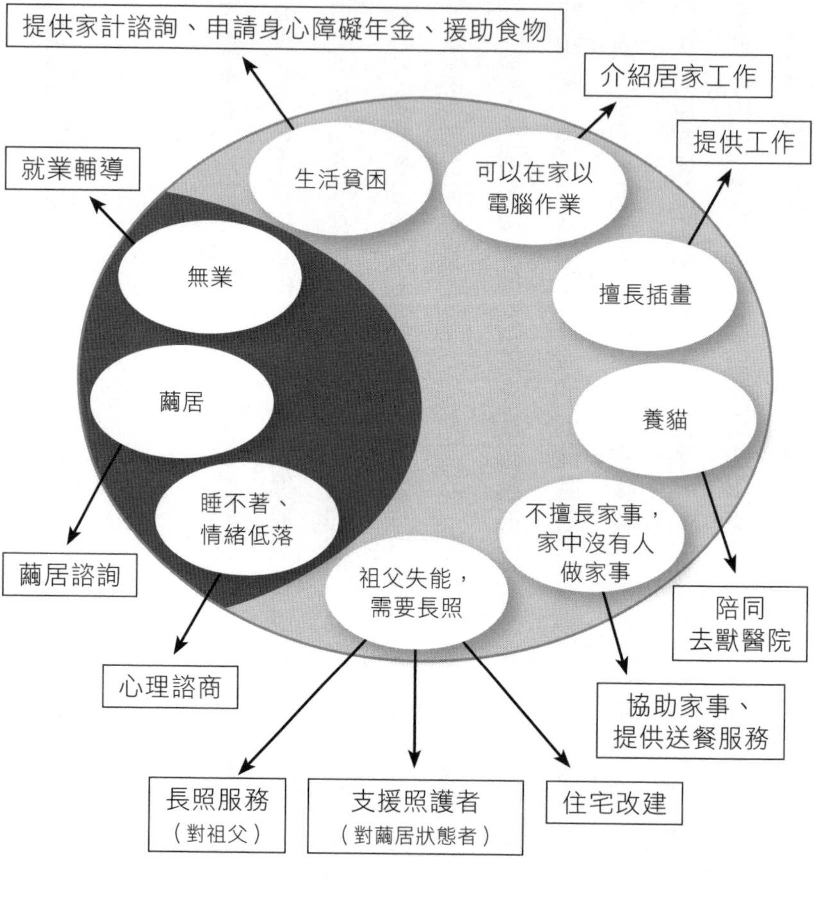

擴大繭居狀態者接受支援的機會

實現陪跑型支援的前提在於，支援端能擴大支援目標並靈活應變。一般討論繭居支援時，都集中在就業輔導或建立歸屬型支援，然而繭居狀態者需要的不是二選一，而是更為寬廣的觀點。即使本人選擇了其中一項，支援人員的建議也不應侷限於兩者，而是發現兩者以外的需求時亦能臨機應變。

舉例來說，某個二十多歲的男性認為自己一定得工作，不好意思參與強調交流興趣的建立歸屬型支援。此時，正好某個非營利支援組織的工作人員邀請他去工作。他去了之後才發現，這裡同時提供就業輔導與建立歸屬型支援，而且活動內容非常多元，有的人做家庭手工，有的人在玩電動。久而久之，他迷上繭居時期不能玩的足球一陣子，後來更參加了電腦相關的就業輔導。

每個人的需求不盡相同。配合個人的情況隨機調整，比起要求對方得配合單一的支援方案，更能擴大對方接受支援的機會。

突破過去支援體系的嘗試①——就業輔導

目前部分組織嘗試多方蒐集資訊，藉由細膩的評估提供適合個人的支援方案。筆者曾經協助彙整家屬會調查（二〇一八），之後透過這項調查訪問日本各地對於生活貧困者嘗試了哪些支援。調查結果發現，過去的青年或繭居支援體系在許多時候力有未逮。

既有的就業輔導流程是，在固定期間接受訓練，培養足以就業的能力後開始求職，多半要求在一定的期限內順利就業。相對於此，以下的就業輔導則是協助繭居狀態者與外界接觸，進而讓他們發現自己的專長。

【1】兵庫縣蘆屋市的例子

兵庫縣蘆屋市的社會福利協議會在商店街成立「休憩小站」，購物時可順便造訪。休憩小站吸引當地的家庭主婦主動參與，活動相當熱絡。製作宣傳活動的文宣需要使用電腦，負責電腦相關工作的是一群曾經繭居的年輕人。

參加這項活動可以獲得些許收入。對於參與的年輕人而言，自己不是以「繭居狀態者」的身分接受援助，而是伸手幫忙又能獲得感謝與報酬。換句話說，這種支援是讓繭居狀態者成為支援端的一分子，而非「被動受訓的一群人」。

【2】大阪府豐中市的例子

大阪府豐中市的社會福祉協議會推出名為「豐中Bi-no Bi-no」的建立歸屬型支援，提供各類交流活動。一位處於繭居狀態的女性擔心會被支援人員要求去找工作，排斥出席交流活動。支援人員知道她擅長畫插畫後，邀請她來幫忙。她表示很高興獲得重用，之後開始負責社會福祉協議會刊行的漫畫。

支援人員進一步表示，**進行家庭訪問時不是去給予繭居支援的建議，而是「挖掘有能力或才華的人」**。

【3】北海道岩見澤市的例子

提供就業輔導時，也可以嘗試同時尋找「想做的事」與「擅長的事」。北海道岩見澤市接受政府委託的非營利組織所執行的「就業準備支援事業」，是邀請繭居狀態者用毛線編織娃娃販售。

建議繭居狀態者「改變現在的生活，試著工作看看？」聽在對方耳裡像是要求顛覆現在的生活，甚至以為自己的過去遭到全盤否定。萬事起頭難，支援的第一步也是一樣。支援端應當思考如何讓對方感覺自己被需要、能有所貢獻，而非將他們定位為「需要幫忙的一群人」。

另一種不容忽視的支援方式是，做一點事情就能「獲得好處」，不需要大幅改變生活。有些人就算鼓起勇氣參加就業輔導，也會擔心自己是否跟得上訓練。懷抱如此心態，自然會害怕失敗受傷，結果空手而歸。支援人員為了打開他們的心房，想盡辦法讓他們在支援中感受到自己「有所貢獻」或「獲得好處」，可說是把對方推上支援起跑點的心血成果。

突破過去支援體系的嘗試②——生活支援

個案3－⑤是以繭居狀態者的嗜好「看棒球賽」打開對方的心房。這種手法不屬於既有的支援，卻因此促成案主重新與社會接觸。

日本的社福制度一般稱為「申請主義」：利用端必須具備社福制度相關知識，前往社福機構辦理手續才能利用。滋賀縣野洲市則是把自立諮詢支援窗口設在市民生活諮詢課，主動向市民介紹各類需要申請才能使用的社會福利。野洲市政府認為「既然日本的社福制度採取申請主義，市政府的職責便是向市民介紹有哪些制度」，呼籲生活陷入困境或遲繳國宅房租的民眾積極利用社福制度。

野洲市政府對繭居狀態者也積極進行家庭訪問，有時是先告知有益的資訊，而非一開始就想協助對方走出繭居困境。例如看到對方家裡有置之不用的機車，便提醒他「報廢機車就不用多繳稅了」。

部分地方政府則是根據《生活貧困者自立支援法》，提供家計諮詢。支援人員不見得要以協助走出繭居困境為優先目標，而是重新審視家庭支出，輔導對方取得收支平衡。

相信不少人都想擺脫家計負擔，稍微開源、用心節流。比起呼籲接受繭居支援，先從諮詢日常生活的煩惱開始，讓對方感覺「跟支援人員聊聊也不錯」，便能把話題帶到真正的煩惱。各地的支援端都表示，透過實際援助日常生活，像是與義工團體合作，提供食物，或是利用地方政府的社福制度提供貸款等，是與繭居狀態者建立信賴關係的第一步。

建立關係、守護、介入

以走出繭居困境為第一目標，對於本人而言可能是門檻最高的提議。家屬也多次體驗提出這類建議卻遭到本人反抗，反而更是把自己鎖在房間裡。久而久之，這個家庭的心態逐漸傾向放棄：「現在這樣就好了。」「不要再管我了！」因此，把目標改為協助家屬向外求助，以免社會網絡更為薄弱，應該能擴大援助範圍。

筆者於家屬會調查（二〇一八）中，以「建立關係」「守護」「介入」三個關鍵字找到有效的支援方案。

首先，「建立關係」指的是獲得這個家庭的信賴，而非當下立刻嘗試改變對方所處的情況。例如配合對方的需求，解決日常生活的煩惱便屬於此類行為。

接著是「守護」，持續關注對方，等待介入的時機到來。例如父母因為身體不適而需要住院或照護時，子女也會極為不安，此時長照人員與繭居支援人員陪伴這個家庭，一同思考解決辦法便屬於此類行為。

滿足這個家庭的日常生活需求，並建立關係，才能近身守護，進而獲得聆聽對方傾訴真正煩惱的機會，而走到這一步就是「介入」。攸關繭居子女與家屬生活的工作、家計等重要元素都是介入的機會。

支援單位緊密合作促成多方支援

多方支援不能單憑一個窗口或機關施力，而是多個機關合作，行政單位與民間組織必須共享個案資訊與支援方針。家屬會調查（二〇一八）中，便出現利用行政制度搭配民間的非營利組織與義工團體的支援方法，又稱為「體制內的支援」與「體制外的支援」。

個案3－⑥　案主：L（男性，五十多歲）

社會福祉協議會義工陪同L帶寵物就醫，雙方因此建立起關係。

陪同前往獸醫院

L與七十多歲的父親一同生活。他在十五年前辭去工作後就一直處於繭居狀態，父親曾經激烈質問他為何不工作，兩人因此大吵一架，從此之後不再溝通。

父親退休後，開始參加社會福祉協議會為繭居子女的家長所舉辦的家屬互助會。L雖然拒絕支援人員來家庭訪問，父親卻看到他在客廳翻閱自己帶回家的家屬互助會刊物，看來似乎有些興趣。

支援人員從父親口中得知L目前最關心的是照顧愛貓。有一天貓咪生病，必須就醫。然而前往獸醫院必須開車，父子兩人都沒有車。社會福祉協議會與自立諮詢支援窗口商量後，由前者的義工團體成員開車接送L。陪同前往獸醫院數次之後，L開始聊起貓咪以外的事。

義工得知L有心工作，建議他聯絡自立諮詢支援窗口卻遭到拒絕，似乎排斥離家接受職前訓練。後來建議他嘗試社會福祉協議會承包的家庭代工，他於是開始在家工作。義工考量父親已是古稀之年，今後可能行動不便，同時也考慮L的未來，打算到時候再提出下個階段的建議。

＊＊＊

自立諮詢支援窗口屬於行政單位，社會福祉協議會則是民間組織。前者提供體制內的支援，後者提供體制外的支援。

雖然無法促使L接觸自立諮詢支援窗口，至少社會福祉協議會的義工與L成功建立起關係。雙方建立關係的契機是L重視的愛貓，相信今後會成為他接受支援的一大動力。之所以能取得如此有力的資訊，都是因為自立諮詢支援窗口與義工團體用心交換資訊。

個案3-⑦ 案主：M（男性，五十多歲）

父母皆已離開人世，M一人孤立無援。非營利組織在他花光雙親遺產之前，建議他申請社會福利服務。

契機是提供食物

M在父母過世後一人住在老家，繭居時間長達二十四年。弟弟每個月會去看他一次，卻幾乎得不到回應，完全不清楚他每天過著什麼樣的日子。M會叫弟弟不要管他，心態似乎日漸悲觀。

弟弟找上非營利組織商量，由和非營利組織合作的義工團體帶著食物前去家庭訪問，確認M能否繼續獨自生活與是否有意願接受支援。M第一次拒絕露面，義工送食物到玄關一陣子後收到他寫的謝函。

又過了一陣子，M打電話問弟弟：「能不能幫我介紹工作？」弟弟建議他向提供食物的非營利組織商量，他於是主動打電話諮詢。在非營利組織的建議下，M前往醫療院所接受檢查，診斷發現罹患睡眠障礙。與此同時，義工掌握到父母留給他的遺產還剩一百多萬日圓，於是在他手頭還有錢時協助他申請身心障礙者的社會福利服務，服務內容具體而言是配合他的興趣，尋找小規模交流的場所。M最後固定前往協助身心障礙者的社區作業設施。

＊＊＊

這例個案的關鍵人物是非營利組織。他們與援助生活貧困者的義工、協助身心障礙者就業的社區作業設施，以及醫療院所等各組織、單位交換資訊，盡力在適當的時機向M提出支援方案。

從解決日常生活的煩惱開始

儘管前兩例個案3－⑥和3－⑦的案主都拒絕接受狹義的就業輔導，從狹義的支援角度來看算是「拒絕支援」，沒有進展，即使如此，支援人員仍然持續關心案主，協助解決日常生活的煩惱，進而成功打開對方的心房，而這種支援方法正是所謂的「建立關係」。接著，支援端更藉機推動案主分別接下家庭代工與前往社區作業設施，這就是「介入」。

此外，支援端更預想個案3－⑥的案主父親之後可能健康情況惡化，打算再次建議接受支援，像這樣推測下一次發生需求的時機，準備下個階段的提案，同時保持雙方關係便是「守護」。

何謂「接受支援的能力」？

子女繭居的父母有時會抱持十分悲觀的態度：「我家孩子什麼也不會，沒什麼優點。」支援人員則要多方探索繭居狀態者的專長等資訊，做到細膩的評估，例如喜歡看棒球賽或畫畫、擅長用電腦製作文件、習慣照顧貓咪等小事，都是貴重的資訊。

家長往往難以用肯定的眼光觀察子女，藉由參加家屬互助會或同儕互助團體，可以從其他家庭的角度重新觀察孩子的「秉性」。

災區等地是否願意接受當地義工或外界支援曾經是熱門話題，能否接受支援也是一種「能力」。

提升接受支援的能力

然而期待孤立無助的人積極培養「接受支援的能力」有點強人所難，重要的是，**在日常生活中培養出「欠人情的習慣」**。這些孤立無援的人共通的臺詞是：「我不想給別人添麻煩。」究竟該怎麼做才能打破「給別人添麻煩」的迷思呢？陷入嚴重孤獨狀態的人往往面對多重課題，不知道該如何開口求助。

相較於此，部分個案不介意由他人代為處理日常生活中遇到的小煩惱。例如高齡的繭居狀態者可能因為垃圾分類或換燈泡等「無法輕鬆完成的事」或「懶得做的事」而接受外界協助。與其第一步就思考最為沉重的課題，建立「互施小惠」的關係更有機會突破對方心防。

「我不想靠社會福利過日子。」

「淪落到領低收入戶補助不如去死算了。」

許多繭居狀態者拒絕支援時會說出這些話。然而部分個案在支援人員透過提供物資等方式建立關係、經常互動後漸漸改變了想法。筆者認為，**這群人之所以不知所措，在於心中只有極端的二選一——「究竟該活著給人添麻煩還是死了算了？」**

然而從「這樣做，生活會輕鬆一點」或「這樣做就不用擔心了」等現實面與這些人建立關係，他們便能自然注意到世上有許多種生活方式。利用社會福利保障最低限度的生活固然重要，然而支援人員與援助對象更應該多多討論小範圍的行動。正因為過去無人提出這些微小的選項，許多人才會被迫陷入絕境。

結合體制內與體制外的支援

有些人會以為所謂的「繭居支援」是一百八十度改變繭居狀態者生活的手段，然而如同本書多次強調，他們實際需要的支援並不是解除繭居狀態，而是解決日常生活的煩惱或是滿足需求。因此，**無論支援端或受援端都需要許多細微的選項。**

根據美國心理學家亞伯拉罕・馬斯洛（Abraham Maslow）的知名理論「需求層次理論」（Maslow's hierarchy of needs），生理、安全屬於低層次需

圖表 3-2　馬斯洛的需求層次理論

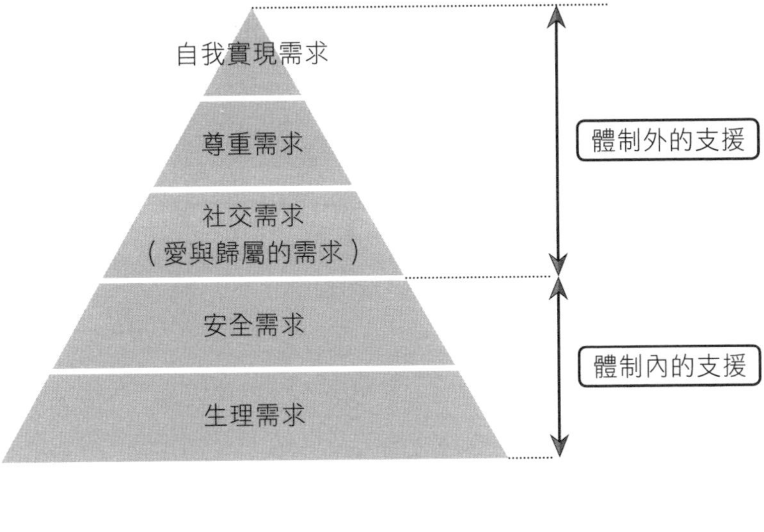

求，社交、自我實現等則屬於高層次需求。

缺錢、無處可住等基本需求的確需要社福制度給予保障，至於希望獲得認可、實現理想等高層次需求必須尊重當事人的「特質」，無法單憑體制內的支援體系達到。例如回到前面的個案3－⑥，案主L的需求是想和愛貓一起生活，中央或地方政府制定的社福制度不可能有滿足這項需求的方案，但是非營利組織或義工團體也許能協助他完成這個夢想。體制內外的支援各有其守備範圍，**基本上體制內的支援適用低層次需求，體制外的支援適用高層次需求。**

然而，不少人儘管連低層次需求都尚未獲得滿足，已經窘迫到連下一頓飯在哪裡也不知道，卻還是不願利用社福制度。與其要求這群人使用體制內的支援，不如介紹義工提供生活上的物資。或許必須藉由人與人的連結或交流，才能促成他們接受援助。

另一方面，援助對象單方面「接受支援」容易覺得痛苦，而轉換立場，改以前面介紹的「有所貢獻」與「獲得好處」，有利於減輕他們的心理負擔，促使接受支援。例如豐中市社會福祉協議會的支援方法源自「招募人才而非支援繭居狀態者」，也有助於滿足馬洛斯主張的「尊重」與「自我實現」等需求。

此外，想和對方「建立關係」的第一步也不是以滿足基本需求為目標，而是先從實現「專屬個人」的願望開始。比起一同解決最為嚴重的課題，不如先互相交流小事情。在此再次強調先從嗜好著手，能進一步協助繭居狀態者取得基本生活保障或行使權利，使用符合條件的社福制度。

來到本章的最後，想以陪跑型支援個案作為總結，從這類型的個案可以看到，支援端多方蒐集案主的資訊，不受既有繭居支援的概念束縛，積極提出橫跨多種領域的支援選項。

以下個案是由非營利法人柳橙之會的代表理事山田孝介執筆。柳橙之會位於愛知縣名古屋市，從二〇〇一年開始支援繭居狀態者與家屬，提供家屬諮詢服務，並成立建立歸屬型支援與就業輔導的據點。此外，也與其他支援團體一同接受政府委託，經營生活貧困者的自立諮詢支援窗口。

山田孝介站在支援端的角度重現繭居支援的過程與細節。原本拒絕支援的繭居狀態者因為他提出的支援方案不受限於一般對繭居支援的印象，心境與行動出現變化。閱讀這些個案就像在看紀錄片。

援助孤立無依的人當然不是只有一種標準答案，世上也不存在能急速改善情況的魔法。山田的做法是用心聆聽繭居狀態者與家屬的期望和煩惱，活用既有制度，提出適合的建議。同時也提醒筆者現有制度並未充分受到活用。期待今後出現更多個案是繭居狀態者提出身為人的需求（期望或煩惱），與支援端一同解決問題。

支援個案A 案主：中根康之（化名，四十多歲）

我得知康之擅長烹飪，邀請他參加家屬互助會的餐會，負責擔任廚師的副手，營造建立自信的環境，促成他與外界接觸。

繭居原因

前來諮詢的是康之的父母中根聰與典子（皆化名、六十多歲）。相較於其他諮詢對象，兩人顯得憔悴許多。直到現在我都還記得當初請他們寫下目前的生活情況與康之的就醫紀錄時，兩人提筆緩慢，我不禁開口詢問兩人是否身心有恙。

中根夫妻原本都是國中老師，在諮詢的前一年退休。他們不知道該如何面對已經進入不惑之年的兒子還處於繭居狀態，非常煩惱，因此前來向我諮詢。

康之從國小時便常常缺席，國中畢業後選擇不繼續升學，前往伯父經營的飯店當廚師助手。聽原本就經常向伯父商量兒子的事，知道他不想升學後特意安排這個工作。

康之在社會新鮮人的階段和同事相處愉快，起頭一帆風順。五年之後開始負責指導新人，工作負擔日益沉重。他承受不了工作壓力，辭職後繭居家中。

繭居情況

康之剛進入繭居狀態時，中根夫妻聽從朋友的建議，不給兒子任何壓力，用心營造足以放鬆的家庭環境。家人感情良好，早晚一同用餐，假日也會安排一日來回的小旅行。夫妻倆都在工作，康之對做家事十分積極。

康之唯一獨自出門的機會是去買喜歡的漫畫。典子每個月會給他兩萬日圓的零用錢。夫妻倆原本希望他拿零用錢去人多的地方，與其他人交流，然而無論如何等待都看不到他採取行動。勸他去參加繭居狀態者的交流活動或醫療院所，他總是板著一張臉拒絕。反覆幾次之後，兩人也放棄催促。

剛退休時，三人還是照舊生活。但可能是成天面對父母過於疲倦，康之過了一陣子便躲進房間，有時甚至連用餐時間也不露臉。以前還會幫忙做家事，卻變得不聞不問。聰大發雷霆，逼問兒子「究竟有什麼打算？」沒想到他突然嚎啕大哭，哭訴過去不知所措時都沒有人願意伸出援手。聰看到兒子這副模樣大吃一驚，之後盡量避免刺激兒子，一家人又恢復到過去可以閒聊的關係。

支援方式

我先請中根夫妻不要直接對康之傾吐不安或煩惱，以免雙方關係惡化。可以說明父母已經造訪過支援團體，讓他感覺到家人願意一同解決問題，再建議他向支援窗口諮詢。繭居狀態者原本就不擅長和外界建立關係，因此展現全家願意一同解決問題的態度能有效減輕本人的心理負擔，而非任由他孤單面對課題。

典子過了一陣子聯絡我：

「不管我怎麼勸兒子，一點進展也沒有，他總是堅持：『我這個人沒有用，也不想再為了人際關係吃苦頭，所以不想見人。』他在飯店工作時因為指導不來後進，被前輩譏笑，好像造成心理陰影。」

聽完這番話，我發現康之需要的不是自立支援或就業輔導，而是必須先走進人群，找回與人相處的自信。因此我請典子代為詢問能否請康之來幫忙家屬互助會舉辦的餐會。康之曾經在飯店工作，請他擔任烹飪餐點的副手能夠活用當初的工作經驗。

中根夫妻原本不相信康之會接受這個提議，沒想到他居然二話不說答應了。餐會當天，康之積極協助準備餐點，還對分工與調味提出建議。他做菜的工夫遠遠超過我們，動作也迅速俐落，出席者都心滿意足。收拾完畢後雖然露出疲態，回家時卻對父母表示「今天很開心」。

「我本來以為自己一點用也沒有，還不如早點去死算了。沒想到辦餐會居然能獲得這麼多人感謝，覺得自己對社會還是有點貢獻。」

康之之後開始參加家屬互助會的活動，每次都會做菜請大家吃。一年之後，透過家屬互助會認識的友人介紹去居酒屋工作，一路工作到現在。他工作態度認真，從未請過一天假。

康之曾經向我吐露：「其實我還在繭居的時候，曾經瞞著爸媽去地方政府的青年就業諮詢窗口，但是對方一開口講的都是怎麼找工作，總覺得那些事情離我很遙遠。真的很高興有像餐會這樣的場合，讓我又有了自信。」

支援端分析

康之原本拒絕就業輔導等既有的支援方式，然而若有機會發揮所長、有所貢獻時還是願意參與活動。推動繭居狀態者自立或就業的確有其必要，卻不見得每個人都能立刻達成目標。繭居支援的一大關鍵是事先準備建立成就感的環境，才能進一步推動他們與外界接觸。既有的支援方式只是單純等待本人接受，想要深入支援必須蒐集包括嗜好等資訊，考量時機，積極提議。

支援個案B　案主：德永道子（化名，五十多歲）

道子與父母一同生活，父母接連猝逝後，改由姊姊慶子（化名）繼續照顧她。道子拒絕前往醫療院所接受治療，支援端提供減輕生活負擔的社會福利相關資訊。

繭居原因

道子高中畢業後去法國留學，回國後進入家鄉的貿易公司上班。她個性開朗受歡迎，有好幾位同事追求她。她希望活用法文的專長，將來到國外工作。

然而悲劇卻在道子即將三十歲之際降臨。下班回家的路上，機車騎士因為雨天失控打滑而撞上她。儘管保住一條性命，髖關節卻因為強烈撞擊而留下後遺症，必須倚靠枴杖才能行走。車禍發生於二〇〇〇年，當時公共場所的無障礙空間不如現在完善。她深受後遺症影響，生活得很辛苦。即使靠著眾人協助回到原本的職場，受傷處卻不時因為氣壓變化而疼痛，最後辭去工作，專心復健。

復健了一年加上家人努力協助，道子終於恢復到許多事情都能獨立完成了。工作時認識的未婚夫也是她的重要支柱。她慢慢找回自信，開始求職，沒多久就應徵上當地不動產公司的財務部門。

然而此時悲劇再度發生——未婚夫的父母以車禍後遺症為由，反對兩人結婚。道子因而大受打擊，無精打采，鎮日臥床。即使上司前來探望也不願見人，之後離職，陷入繭居狀態。

繭居情況

道子自從繭居以來，個性出現一百八十度轉變，從原本的活潑開朗變得沉默寡言，臉色黯淡，食量也縮小了。身邊的人勸她去看醫生，她卻以「治好了也沒有想做的事」為由拒絕就醫。久而久之，生活開始日夜顛倒，家人漸漸見不到她。她總是用冰箱裡的食材做些簡單的料理隨便吃吃，不再碰母親準備的餐點。父母給了她好幾次零用錢，希望她心情好時能出去走走，到了早上卻在桌上發現零用錢。

守護了道子十年後，在當地鐵路公司負責公關工作的父親在退休的第二年因為心肌梗塞猝逝，隔沒幾年，母親也因為腦梗塞撒手人寰。雙親過世後由結婚離家的姊姊慶子管理遺產，每個月給妹妹五萬日圓的生活費。以日本的物價而言，五萬日圓一點也不寬裕，卻是考量她今後人生所能提供的最高金額了。後來，姊夫罹患精神疾病而轉換工作跑道，收入減少。慶子表示不知道能援助妹妹到什麼時候。

道子本人也了解現實情況，有時會打電話給姊姊，用有氣無力的聲音表示：「我可能不行了……」「我乾脆死了算了！」每次接到電話，慶子總會勸妹妹尋求支援機關協助，她卻怎麼也不肯點頭答應。

支援方式

聽了慶子的描述，我懷疑道子可能罹患精神疾病，於是一同造訪道子家。道子不願走出房間，慶子只能隔著房門熱心建議妹妹去醫院接受診斷，她卻以「去看醫生也恢復不到可以上班的地步」為由拒絕。

慶子對我說：「道子應該也知道自己的精神狀態不穩定，需要接受醫師診療。但是她排斥吃藥，又對未來很悲觀，覺得自己現在接受治療也來不及了。她說過，要是當初父母勸她去看醫生的時候去就好了。」然而前往醫療院所的目的不僅是治療，而是進而取得各種社會福利。道子相當擔心家中經濟狀況，我於是請慶子告訴她，前往醫院接受診斷或許有機會領取身心障礙年金。

沒想到隔天下午慶子就聯絡我：「妹妹說想見你。」我們一起造訪道子家，一打開門映入眼簾的景象令人震驚，從玄關通往室內的一路上都是垃圾和雜誌，散發令人作嘔的氣味。勉強打掃乾淨的只有廚房和平常活動的範圍，其他地方都塞滿雜物。

慶子呼喚妹妹，她卻回：「我還沒準備好，再等一下。」我判斷在家中難以溝通，建議去辦公室聊聊，道子也同意我的提議。我到現在都還記得她那天穿了嚴重褪色的衣服來到辦公室。慶子告訴我那是她以前很喜歡的衣服。

道子看到我就滔滔不絕地說了起來，看起來一點也不像拒絕溝通的人。內容幾乎都是抱怨過去，例如自己需要幫忙時卻沒有人伸出援手、出車禍之後同事態度都很冷淡等等，內容和事實不盡相同，她還表示自己有時遭人竊聽。

聽完道子傾訴，我嘗試說起今後的生活。過去只要慶子稍微提到相關話題，她總是擺出拒絕的態度，當天卻靜靜聽我說明。我彙整對她有益的醫療和年金資訊加以解釋後，她只說了一句：「交給你了。」

第一次去醫院看門診時由我和慶子陪同，向醫師說明之前的經過與目前的生活狀況。由於道子排斥服用藥物，當天向醫師說明完後便結束門診。第二次之後由慶子陪同，主治醫師願意配合道子的步調，她似乎因此開始信任醫師，慢慢說起自己的情況，也表示一直覺得身邊有人。

固定前往門診一年後，道子開始服用藥物，症狀也改善到一定程度。即使如此，她畢竟遠離社會二十年，加上還需要治療一段時間，半年後申請到身心障礙年金。自從開始領取年金，她不再像過去一樣擔心生計問題，開始打掃變成垃圾屋的老家，搬到比較小的房子，也考慮接受協助身心障礙者的就業輔導。

確定可以領取年金的當天，慶子來辦公室打招呼時告訴我：「爸媽一直希望妹妹能振作起來，結果沒能看到這一天就走了。雖然我不覺得當初應該硬逼妹妹走出家門，不過還是很可惜他們不知道身心障礙年金這些制度。這次接受援助，情況逐漸改善之後覺得，要是當初知道這些資訊跟知識，妹妹跟我或許會走上不一樣的人生。雖然全家人討論過要怎麼幫助妹妹，但主要內容卻是爸媽該怎麼照顧她。」

支援端分析

父母相繼過世後，由姊姊慶子負責照顧繭居狀態的道子，由於家長「不想給周遭的人添麻煩」，嘗試憑藉自己的力量處理，結果錯過早期解決的機會。藉由改善本人目前的生活，減輕心理負擔，進而重拾對於未來的希望。支援端必須熟悉社福制度等各種支援方式，才能配合對方的狀況提出建議。

第四章

如何拯救
瀕臨極限的家庭？

限界家族をどう救うか

不想給旁人添麻煩

回顧練馬區殺人事件，記者報導父親接受東京都警政單位警視廳偵訊時表示，殺死兒子的原因是「不想給周遭的人添麻煩」。

家有繭居子女的家庭多半無法向外求助，無論面對的是嚴重的家庭暴力、家庭關係惡劣、家境貧困到連吃飯都成問題，甚至罹患的疾病已經惡化到危及生命，卻還是難以求援。全家人長期忍耐到極限，嘗試單憑家庭資源解決，最後全家人「一起倒下」。

日本有個名詞叫作「極限聚落」，指的是區域人口不斷外流，超過半數的居民是六十五歲以上的長者，這樣的聚落幾乎無法維持生活機能，瀕臨消滅。筆者認為，**這個社會也存在許多處於瀕臨崩潰邊緣，即將全家倒下的「極限家庭」**。這些家庭究竟是從何時開始孤立無援到這個地步呢？儘管大家都快撐不下去了，為什麼還是只能依靠家人呢？

家庭規模逐漸縮小，結構日益脆弱

日本的家庭規模自一九九〇年代以來逐漸縮小，現在主流的家戶型態是全家只有戶主一人（根據二〇一五年的人口普查，全家僅戶主一人的比例高達三四．六％）。此外，由於平均壽命延長，黑髮人送白髮人不再是常態。不僅如此，家長得以依靠的子女人數也日益減少，許多長者往往獨自度過漫長的晚年。

與子女同住的六十五歲以上高齡者在一九九〇年為五九．七％，到了二〇一五年則降至三九％。親子關係也隨著時代變遷多元發展，例如兩個世代分開居住的情況又分為住在隔壁或住在同一縣市等。現代家長不與子女同住的理由包括「世代不同，生活習慣相異」；「不想在家還得為了人際關係小心翼翼」；「不想給子女添麻煩」等等。

反過來說，隨著結婚人數下滑，四十歲至五十九歲的子女與父母同住的比例日益提升。推測這種現象並非子女奉養父母，反而是父母援助子女。不少父母比起擔心自己的晚年，更操心子女的未來。相較於父母那輩，子女世代的經濟狀況更為脆弱。

分析日本家庭的經濟情況，每戶的實際月薪在一九八五年為四十九萬一千日圓，到了一九九七年增至五十六萬一千日圓。然而自此一路下滑，到了二〇一七年跌至四十九萬二千日圓。家庭儲蓄率於一九八五年為一六・二%，到了二〇一六年大幅減少至二・二%。

對於家庭的期待高漲

從外界來看，家庭的力量進入一九九〇年代日漸減弱，社會大眾的價值觀卻逐漸傾向重視家庭。

統計數理研究所從一九五三年開始，每五年舉行一次「日本國民民族性調查」，調查日本民眾的觀點與想法。調查結果顯示，關於「你最重視什麼？」一題，原本最多人回答的是「生命、健康、自己」，到了一九八三年轉變為「家庭」，此後比例逐漸提升，一九九三年以來甚至持續走高，超過四成。

民眾普遍認為「家人最重要」代表什麼意義呢？現在獨居的單身人口增加意味著，並不是每個人都能建立起自己的家庭，家人變得日益珍貴。當想要商量煩惱、需要他人伸出援手，許多人第一個想到的還是家人。即使建立了自己的家庭，當夫妻想請求他人照顧子女，幾乎所有人拜託的都是自己或配偶的父母。因此缺乏家庭資源的人，遇上問題便可能陷入孤立無援的狀態。

這個社會日漸重視家庭，如何與家人共生卻交由個人抉擇。是否建立家庭或家人關係，受到個人的經濟能力左右，並不是每個人都能仰賴家人的協助。

重視子女的家庭主義

現代人傾向重視家人，其中又以「子女」格外受到重視。

博報堂生活綜合研究所從一九八八年開始，每十年舉行一次關於家庭的問卷調查，問卷內容基本上大同小異，正好可以用來當作參考資料，了解這三十年來日本的家庭變化。比較一九八八年與二〇一八年的調查結果，贊成「家庭的中心是子女」的丈夫由六〇・二%增至七七%，贊成的妻子也由五六%增至七四・三%。另一方面，回答「家庭的中心是夫妻」的丈夫由二七・三%減少至一六・八%，贊成的妻子由三一・八%降低至一九・五%。

認為對子女灌注親情應該毫不吝惜的傾向也逐漸增強。例如贊成「子女應盡早獨立」的丈夫由六八・五%減少至六〇・六%，贊成的妻子更由六四・八%降低至四三・三%（圖表4-1）。

圖表 4-1　回答「子女應盡早獨立」的比例

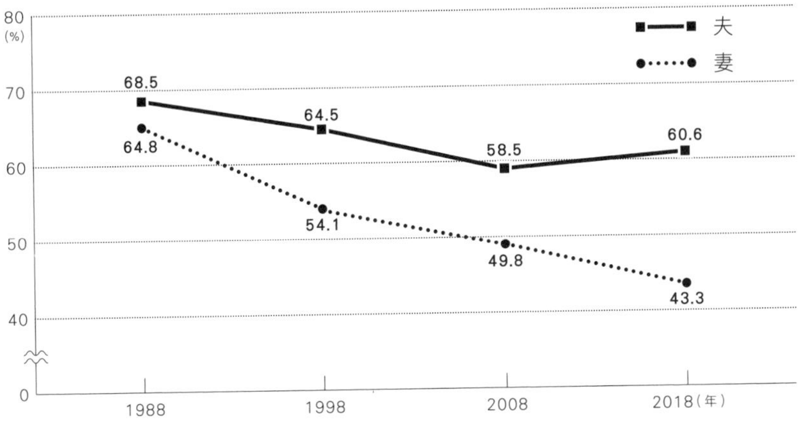

※根據博報堂生活綜合研究所《消費者的平成30年史》資料製表。

認為「子女教育費的重要性勝過父母生活費」的夫妻人數陸續增加，**儲蓄理由也以「子女的教育費」居多，超過自己的養老費。**另一個顯著的例子是，一九九〇年代以來升學率大幅提升，利用助學貸款上大學的學生高達大學生整體人數的一半以上，然而對於離家念大學的子女，父母所能提供的生活費年年減少。儘管父母的生活並不寬裕，還是渴望子女能獲得高學歷。

親子關係長期化

即使家庭基礎日漸薄弱，緊密的親子關係反而隨著現代人日益長壽而延長。**博報堂生活綜合研究所以「成年兒童」一詞稱呼這群「已經成年，父母健在」的人，**並根據統計結果推估日本的成年兒童人數。一九五〇年的成年兒童為總人口的二九%，到了二〇〇〇年增加了一倍。成年兒童的平均年齡於一九九〇年為二八・一歲，到了二〇一〇年升高至三二・八歲，估

圖表 4-2 「成年兒童」的平均年齡

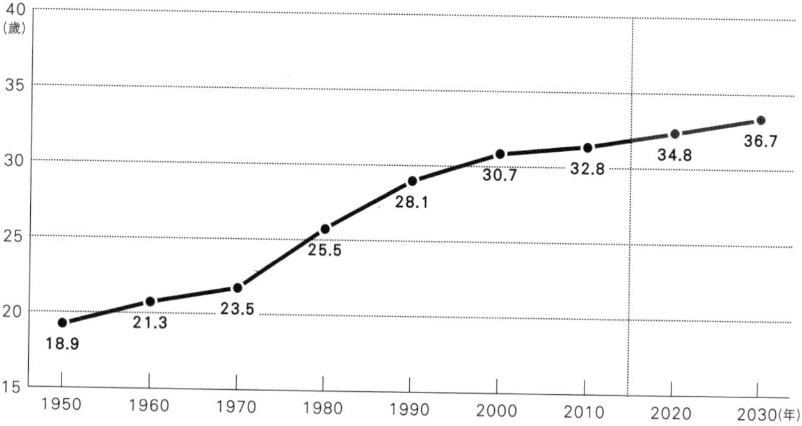

※根據博報堂生活綜合研究所《生活動力》製表（2015年之後的數據為推估）。

計到了二〇三〇年將攀升至三六・七歲（圖表4－2）。

從出生到為父母送終的「親子共存年數」也日漸延長。根據博報堂生活綜合研究所的統計，**二〇〇〇年的親子共存年數長達六十年。換句話說，多數成年人有三分之二的人生都是「子女」。**

今後，人口結構會持續高齡化與不婚化，僱用型態也傾向非正職，無法回到過去穩定的就業環境。「成年兒童」的平均年齡倘若持續攀升，單身或無業的子女不得不與父母同住不會是曇花一現的問題，而是人口結構造成的必然現實。

子女何時獨立？父母何時卸下育兒重擔？

過去成年人身為子女的時間短暫，親子關係在父母過世後自然劃下句點，也少見兩代長期同住或子女長照父母。在初婚年齡與終身單身率低的時代，子女婚後離開原生家庭，建立自己的新家庭，親子關係隨之告一段落。然而，**現代的子女成年之後依舊與父母維持長期的親子關係，造成子女不知該何時獨立，父母也不敢輕易卸下育兒責任。**

假設子女長大成人後無業而與父母同住，國民年金該由父母代為繳納嗎？父母要繼續給零用錢嗎？子女失業時要勸他回家嗎？結婚而搬離原生家庭的子女離婚後，又該如何應對呢？難道因為是「我家的孩子」就得負責照顧他的生活起居，代為支付房租和生活費嗎？為人父母究竟該為孩子做到什麼地步呢……

父母伸出援手可能導致子女更為沮喪、失意，代勞過頭也可能遭到子女抗拒，甚至剝奪自理自立的能力。每個家庭的價值觀不盡相同，沒有標準答案。**然而人終有一死，不可能相互扶持一輩子。**因此需要尋找適當的時機，好讓子女獨立、父母放手。

過去的親子相處模式是，子女就業或結婚後與父母保持適當的距離。隨著求職日益困難與不婚化，年輕一輩掌握不到適當的時機獨立；更因為現代人愈來愈長壽，父母實際照顧子女的時間也隨之延長。

過去的親子關係與相處模式會隨著時間流逝而自然變化，因此現在必須適應社會變化，重新思考適合雙方的親密程度。當子女面對挫折，父母該如何克服前所未有的長期親子關係呢？這對父母而言也是未知的課題。

隱性貧困

與處於繭居狀態或無業的子女生活在同個屋簷下時，多半是由家長負擔生活費與照顧子女。

非營利法人「BIG ISSUE基金會」是一個支援街友的組織，成立目的是解決貧困問題。該基金會於二〇一四年針對一千七百六十七人所做的調查結果顯示，年薪不滿兩百萬日圓的二十歲至三十九歲單身青年，與父母同住的比例為七七・四%，當中無業的比例更高達四二・七%。而同齡與相同年薪的單身青年與父母分開住的比例僅二六・八%。

與父母同住的理由以「負擔不起居住所需費用」居冠，高達五三・七%。過去「單身寄生族」象徵的是手頭寬裕的單身年輕人，現在與父母同住人口增加則是受限於僱用型態導致個人財務基礎脆弱。

與父母同住的子女當中，「曾經拒絕上學或陷入繭居狀態」的比例為二四・三%（分開住者為一六・三%），「遭遇霸凌」者為三六・八%（分開住者為五・三%），「罹患憂鬱症等精神疾病」者為二八・五%（分開住者為二四・三%）。由此可知，這群人於在校期間就曾遭遇挫折。

家屬會調查（二〇一五）發現，子女的花費從高而低分別是生活費、零用錢、年金，每個月的平均支出高達五萬八千日圓。儘管如此，父母手頭寬裕時多半願意負擔子女的支出。

家庭社會學者團體於二〇〇一年至二〇〇三年，在東京都府中市與長野縣松本市舉行「青年與父母生活型態調查」，調查對象為二十歲至二十九歲的子女與五十歲至五十九歲的父母。回答「滿意同住生活」的比例以父母居高；反之，回答「想分開住卻搬不出去」的則以子女為多。看來對於子女而言，同住一事反而是各種壓力的來源。

此外，同住的壓力也是男女有別。倘若兒子收入愈高愈容易「與父母一起做點什麼」，例如一同出門購物；反之，收入愈低愈不會與父母一同行動。一般對於男性的期待是「在外工作，拿錢回家」，男性在家中的地位也受到是否符合這項期望所影響。此外，無業男性做家事的時間較為短暫。一般認為家事是女性的工作，或許是無業男性藉由減少做家事的時間保持男子氣概。

另一方面，女兒手頭拮据或父母經濟較為寬裕的話，經常親子一同行動。推測是因為女兒的角色比較容易「接受父母的好意」。**一般人較能包容女兒與父母同住，卻也因此造成無業或繭居狀態的女性所面臨的困**

境難以浮上檯面。通常父母需要照護時，多半也期望女兒伸出援手，女性因此不得不辭去工作，失去社會網絡。乍看之下幸福美滿的親子同住家庭，背後其實隱藏了許多課題。

不想給孩子添麻煩卻又放不下

家庭社會學者團體的調查也顯示多數父母老後並不想麻煩子女。兩個世代的生活習慣大相逕庭，父母不見得想與子女同住。與其接受子女照顧，不如更想照顧子女，以下就是部分家長的心聲：

「想到晚年就很不安。長男夫妻說到時候會照顧我，我相信他們的心意，不過我還是盡量什麼事都自己來，不想給他們添麻煩。」（長野縣松

本市，五十七歲，女性）

「我是有一個兒子沒錯，但是我覺得不管發生什麼事，父母都不該過度依賴子女，所以我一直告訴自己不要造成兒子的心理壓力或經濟負擔。孩子照顧年老的爸媽，相信大家都一樣寂寞。但我覺得，父母可以為子女犧牲，卻不能要求子女為父母犧牲。」（東京都府中市，五十二歲，女性）

相信府中市女性的回答——**「父母可以犧牲，卻不能犧牲子女」是許多為人父母的心聲。**父母的觀念逐漸轉換為「不該過度依賴子女」，並且希望能為子女多做點什麼。

然而當家庭結構日益脆弱，一有個差錯便容易導致家庭陷入孤立無援或經濟窘困。在這個時代，許多長輩的個人觀念與實際的家庭情況有所落差，陷入無法獲得援助的困境。

為何這些家庭陷入封閉狀態？

個人行動與經濟能力的影響之下，「成家」逐漸轉變為貴重的經驗，不再是人人觸手可及的目標。另一方面，認為「家人就該伸出援手」的心態依舊強烈或許是出於親情。

七〇四〇家庭與八〇五〇家庭的家長出生於日本經濟突飛猛進的昭和時代；子女則出生於平成時代，無論就業或結婚，自立經驗都不如上一代順遂。筆者認為，這樣的社會現況促使「父母持續照顧子女，灌注親情」。年邁的雙親看到子女面對問題時產生責任感，認為「我必須伸出援手」，子女陷入困境也是「不得宣揚的家醜」。

方才提到的博報堂生活綜合研究所的調查顯示，「認為家醜不可外揚」的男性多於女性。以男性來說，三十九歲以下的比例為四九．五％，四十歲至四十九歲的比例為五八．九％，五十歲以上的比例高達七〇・二%；女性則是三十九歲以下者為三六%，五十歲以上者為四三・七%；而且不論男女，年齡愈長愈如此認為（圖表4－3）。

由於這是新增的調查項目，無法對照過去的調查結果，但依然可以發現一個現象：**年齡愈長，愈拒絕外人介入家務事**。此外，雖然無法一概而論，一般而言育兒重責容易落在女性身上，母親難以向外人傾吐關於子女的煩惱。

所謂的家庭，真的是打從一開始就和周遭沒有任何關係、必須獨立存在，而且「不能給旁人添麻

圖表 4-3　認為「家醜不可外揚」的各年齡層比例

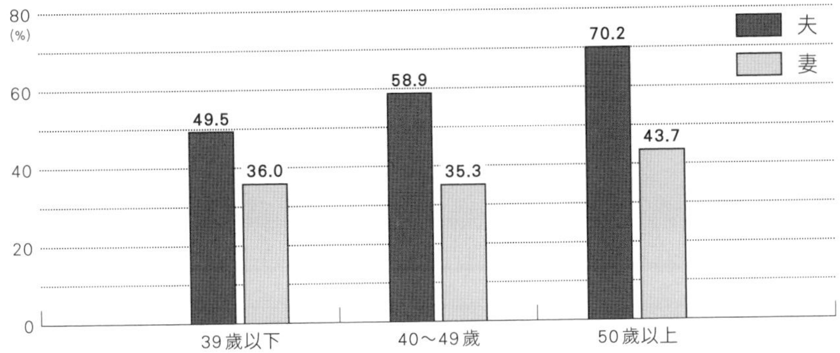

※根據博報堂生活綜合研究所「家庭30年變化」（2018）調查結果製表。

煩」嗎？子女的問題究竟從何時開始成為關上門的家醜呢？下節回顧昭和時代以來的日本家庭所經歷的變化。

社會開始以育兒為優先

彙整家庭社會學與教育社會學的研究成果發現，日本以農業或漁業維生的地區在迎接經濟高度成長期（一九五五年至一九七三年）之前，家庭與鄰里關係密切，女性與兒童也會參與當地的產業活動，家中年長的子女甚至已經是產業的中堅分子（圖表4-4①）。換句話說，「村子的規矩」等社群規範凌駕個別家庭的價值觀，父母管教或教育子女的負擔較輕。

一般人認為「核心家庭化」發生於現代，其實以「雙親與子女」為

圖表 4-4

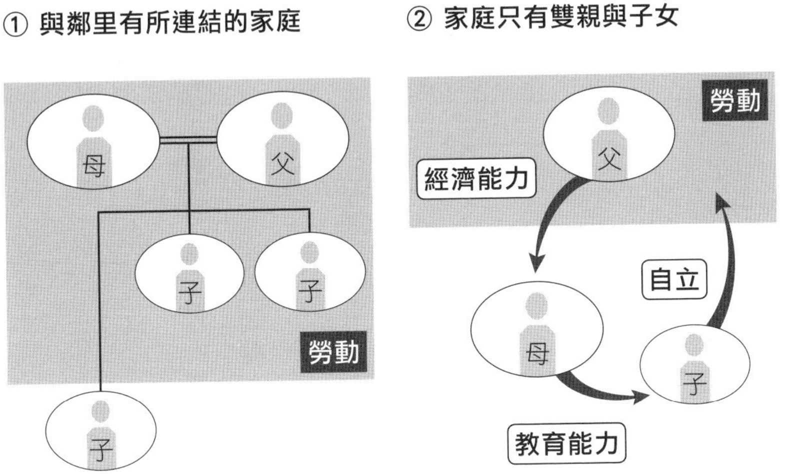

生活單位的小家庭模式從高度成長期就開始增加。「男主外，女主內」的性別分工明確，兒童可以專注於學校課業，不再需要肩負勞動重任（圖表4-4②）。

到了一九七〇年代後的經濟低迷期間，這種「男主外，女主內」的小家庭模式迅速破滅。由於薪資增加幅度日漸趨緩，母親也開始外出工作，雙薪家庭逐漸增加。來到一九九〇年代後，非正職的僱用方式與離婚率升高。只憑父親一人的薪水養家活口不再是一般現象，反而是人人稱羨的對象。由於母親也外出工作，把孩子送到幼兒園成為日常現象。

子女成年之後的親子關係又是如何呢？過去子女的任務是與年邁的父母同住，負起扶養父母的責任。現在社會則多見父母與子女分開居住，加上政府制定了年金制度，大眾已經漸漸不再覺得子女一定得照顧老邁的雙親。

然而，父母照顧成年子女的習慣卻一直流傳到現在。以東亞各國的親子關係來說，韓國多為子女與年邁雙親相互扶持，中國與臺灣大多是子女支持老邁雙親，日本則屬於老邁雙親支持子女。雖然各國文化風情有些許差異，共通點都是親子關係日益緊密。

在日本，父母認為自己應該持續照顧子女的心理其實受到文化與歷史的影響，下節分析日本的親子關係目前面臨的課題。

平成時代家庭所面臨的矛盾

昭和時代正逢日本社會經濟持續成長，企業保障終身僱用，家庭由家庭主婦支撐。到了平成時代，家庭結構變得脆弱許多，育兒問題更為嚴重。

教育社會學者本田由紀以「戰後日本型循環模式」稱呼昭和時代的典型人生為「家庭→學校→就業」。因此子女拒絕上學或進入繭居狀態，家庭便無法走上這種循環。

學校每年固定送出一批學童，所以並不負責重新教育拒絕上學或無法受教育的學生。另一方面，日本的就業型態是每年企業會錄取一批社會新鮮人，因此無法期待年輕人能在職場再次接受教育。當子女在就學或就業之路遇上挫折，必須由家長重新伸出援手。然而，**一旦子女脫離人生正軌，家庭其實並不具備重新教育孩子的機能。**倘若子女拒絕上學或陷入繭居狀態，無法順利畢業或成功求職，對於家長而言都是超乎想像的情況。

學齡期的貧困問題與先天障礙其實都會早期浮現檯面。年齡漸長後，子女拒絕上學或就業，甚至陷入繭居狀態，**儘管真正的原因是源自孩子有發展障礙或就業環境嚴苛，往往被視為家長應負起的責任，難以獲得社會支持。**父母也覺得是自己「教育失敗」，習慣自行扛起責任，從未想過向外求助。

當社會習於「要求父母」一肩負起教育的責任，子女成年後的繭居問題容易形成檯面下的問題。這些子女從未接受社會支持，直到父母過世都不為人知，也難怪家長會認為「得多留點遺產，好讓孩子在自己死後還能繼續生活」。

父母手頭寬裕時自然能負起支持子女的責任，卻不是每個家庭都有餘力。不僅如此，應該反過來思考家長有「餘力」支援子女可能消磨子女的自立精神，剝奪獨立生活的機會。

既有的支援體系所面臨的極限

過去青年支援或繭居支援所採取的方法，主要是配合「男主外，女主內」的小家庭模式（圖表4-4②）。支援前提是，父親具有一定的經濟能力、母親具有一定的教育能力。支援期間，由父親擔任家中經濟支柱，當子女與家人失去溝通機會或彼此起衝突，則由母親居中協調，改善家人關係。這種支援方法的流程是重建家庭關係，由家人建議繭居狀態的子女接受支援，最後本人接受支援，逐漸自立（圖表4-5）。

許多繭居狀態者的確是藉由這種支援手法重回社會。然而認為支援方式只有一種標準答案，可能導致思考僵化，想不出其他辦法。尤其是當繭居狀態長期化、個案高齡化，需要嘗試「既有手法以外的方案」。

對於家屬而言更是如此。一旦認定只有一種標準答案，遇上挫折容易以為錯都在自己身上。**「父母變了，孩子也會跟著變」這句話，成為束**

圖表 4-5　以小家庭為前提的繭居支援

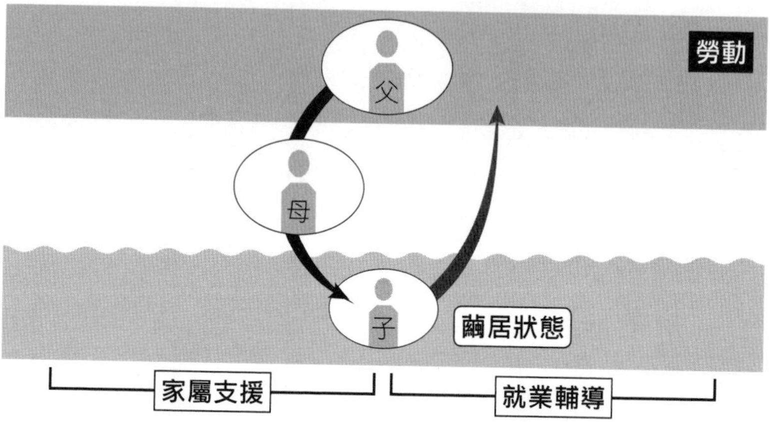

縛家長的緊箍咒。當子女陷入繭居狀態，家長不禁自責：「是不是我這個爸爸（媽媽）哪裡沒做好？」這種想法推動家長「這時候更應該盡到做父母的責任」，開始反省自己過去心思都放在工作上、不夠關心孩子，更是想盡辦法重新建立圓滿的家庭。然而實際上，**父母愈是擺出「好爸媽」的態度守護子女，孩子可能愈是覺得家裡待不下去。**單憑家人支援，反而可能錯失藉由與社會接觸而邁向自立的多條道路。

如今，孤立小家庭（圖表4-4②）已經無法在當代立足，時代造成的極限逐漸浮現眼前。然而現代社會也描繪不出嶄新的家庭樣貌，於是家長誤以為學習這種小家庭模式、投注心力於育兒上便能解決問題。支援人員往往也習慣要求家屬一起解決繭居問題。然而這種小家庭模式終究無法克服現代的繭居問題與八〇五〇問題。

事實上，改善育兒方式並不等於繭居支援，究竟該怎麼做才能擺脫這樣的觀念呢？既有的方式是父母反省親子的溝通方式，並協助子女接受支援，這等同於重新體驗「育兒」的過程。倘若子女尚未成年，協助他們走出家門、邁向學校、培養自立自強的能力再自然也不過。可是當子女已經成年、有過工作經驗，甚至已經邁入中年，原有的支援方式往往不適用。**繭居狀態者所期盼的，或許不是家屬「改善育兒方式」，而是滿足自己身為一名「成年人」的需求。**

「復原」的概念

思考繭居支援時，若想真正改善狀況，不但需要靠家屬協助繭居子女，子女本人也必須擺脫繭居狀態，才能自立自強，而不是只有本人需要援助，家屬照舊過日子。然而大家逐漸發現，如此一來不僅本人受到束縛，家人也一併陷入困境。

精神疾病患者與精神疾病和平共處，懷抱希望，實現自我，重拾充實人生的過程稱為「復原」。根據這個概念，**繭居狀態者與家屬都逐漸恢復繭居狀態時放棄的生活，才是解決孤立問題的捷徑**。因為有孤立風險的不僅是繭居狀態的子女，還包括家人。思考繭居支援的目標時，可以設定為預防全家陷入孤立無援，恢復原本適合自己的生活方式，就是所謂的「復原」。

此外，過去的繭居支援順序是「家人↓本人」，基本方法是「藉由改善育兒方式，呼籲子女走出繭居狀態」。然而成年子女對父母的期待真的是改變育兒方式嗎？家屬真的有餘力重新育兒嗎？因此，範圍更為廣泛的「復原」與預防孤立較容易為陷入繭居問題的家庭所接受。不消筆者多說，走出繭居困境絕非易事，對於一家人而言，每一步都很沉重，因此擴大支援的目標範圍有其必要。

何謂「多方支援家屬」？

相較於既有的繭居支援是以「案家」為單位，支援順序是「家人↓本人」，而所謂「多方支援家屬」是以「個人」為單位，解決這個家庭中每個人的需求（圖表4-6）。這種支援方式足以引導出全方位協助個人的各類支援項目。

圖表 4-6

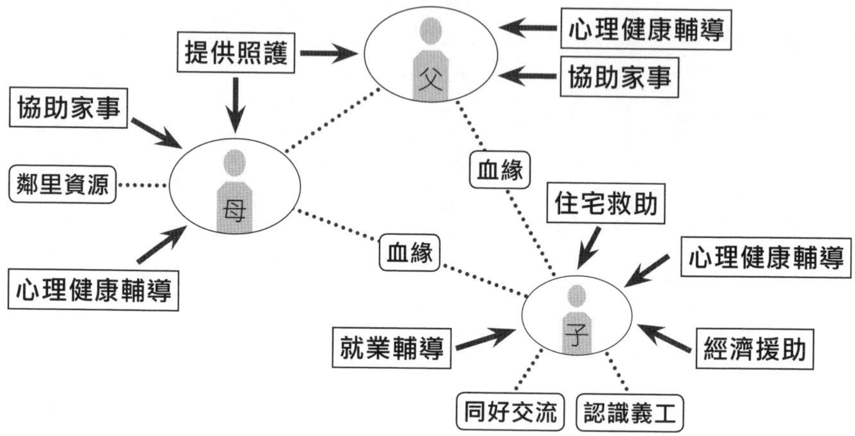

一般人對於「自立」的印象是，凡事不假他人之手，獨立生活。東京大學尖端科學技術研究所中心的小兒科學者熊谷晉一郎提倡的卻是**「分散依靠對象的自立」**。熊谷本身罹患腦性麻痺，他打破一般對於自立的偏見，認為自立是把依靠的對象從家庭擴大到外人。

「不想給他人添麻煩」代表依靠的對象範圍縮小在家庭之中，整個家可能因此陷入疏離孤立。有些人或許覺得家人同心協力才像是邁向「自立」

之路，可是家人總有一天會年老體衰，離開人世。**每減少一名支撐家庭的成員，代表重擔落在其他家人身上。明明目標是「自立」，卻可能造成特定成員被迫承擔依賴。**與其如此，不如早日與他人建立關係，增加家人以外可以依靠的對象。

全方位蒐集資訊，了解個人需求

第三章的「蒐集資訊與提供支援選項」（圖表 3－1）顯示出繭居狀態者與家屬的各項需求。這種支援方式不是以家庭為單位，而是以構成家庭的「個人」為援助對象。

過去支援端把繭居子女的父母定位為「案主的家長」。這些父母也習慣「以子女為優先」，沒有餘力思考晚年生活該如何安排。然而即使子女需要照顧，父母也必須考量自己「即將邁入古稀之年或杖朝之年」究竟有何需求。積極滿足父母的這些需求也有助於向外公開家庭情況。**稍微解除身為家長的責任束縛，正是所謂的「復原」。**

其實子女本身也受到「子女」這個角色所束縛，例如練馬區殺人事件，遇害的長男曾在社群媒體發表意見，主張「爸媽既然擅自生下我，就該對我負責到人生的最後一秒」。有些子女雖然並不甘願與父母同住，然而一旦無業或處於繭居狀態，由於沒有父母以外的對象可以依靠，只得繼續執著於親子關係的框架，最後招致無可奈何的結果。

繭居狀態者的自由與責任

咸認生活在先進國家的年輕人基本上食衣住無虞。以馬斯洛需求層次理論為例，這些年輕人的基本需求都已經獲得滿足，只是保障其需求的人多半是父母。尤其在「男主外，女主內」的小家庭（圖表4－4②），是由父親的經濟能力保障全家人的生活，正如「維生工資」（Subsistence wage）的字面意義，扶養妻兒所需的費用皆由父親隸屬的公司等組織所保障，因此這個家庭的女性和年輕人即使欠缺經濟能力，也不會被視為「貧困」。生活受到保障的是身為戶長的父親，而非妻子或子女等個人。

實際上有些家屬曾經收到「不應當向繭居女子提到金錢或家計問題」的建議。這是因為②的小家庭所屬時代認為，應該提供受教機會促使孩子自立，而非以經濟問題刺激他們。我也聽過一種說法是，現代年輕人生活富裕，賺錢這種理由無法打動他們，應當提供獲得他人認同的機會，利用「自我實現的需求」驅使他們採取行動。然而這些提案的前提還是仰賴父母保障生活基礎。現在的支援選項應當加入擺脫家庭，自立生活。

即使是繭居狀態者也能藉由保障生活的自由與責任，恢復原本與外界的關係。例如領取身心障礙年金促使自行判斷如何使用金錢，不再只是單方面接受家人的照顧。

日本社會一般認為無法自立的子女應由父母保障經濟等生活基礎，導致日本缺乏協助青年自立門戶的經濟支援體系與保障居住權的制度。現在正應當藉由正視繭居問題與八〇五〇問題，認真思考如何建立社會體系，促使年輕人得以獲得自由並負起責任。

如何接納個人自立門戶？

然而實際上，大多數家有繭居子女的家長排斥孩子以這種方式「自立門戶」。他們腦中描繪的自立門戶是子女有能力賺取生活費，而非接受社會福利補助。這樣的想法背後隱藏一個理由——由家庭支持孩子，直到他們完美自立，無可挑剔。反之，倘若無法做到完美自立則偏向「完全交由家人來保護」。

但是，家庭中的人際關係不見得總是溫馨美好，許多時候需要家人互相扶持，一同克服。若發生家庭暴力等事件，必須提供全方面的支援，例如父母或兄弟姊妹離家另住；協助繭居狀態者尋找住處，獨自生活。當繭居狀態者收入不足，可建議對方利用社會福利、申請低收入戶補助等。

換句話說，**繭居支援也應當把協助親子分開生活這個選項納入考量。**實現這種支援方式，必須由支援端多方蒐集個人資訊；家屬不再為了解決孩子的繭居問題而執著於各自的角色，也就是「復原」的概念。

如何界定單憑家屬守護的「極限」？

筆者想藉由本節重新思考由家屬守護繭居子女的「極限」。有些個案不僅子女繭居還家境貧困，最後發現時已經發生全家一起垮的慘案；有些則是父母年齡漸長，身體狀態不如以往，無法自由行動，結果早子女一步離開人世。地區綜合支援中心就經手不少個案是，父母年老後，子女暴力相向或放棄照護。

關於如何判斷家屬守護已經瀕臨極限，精神科醫師齋藤環列舉三大標準——「金錢」「壽命」「暴力」。

首先分析「金錢」。政府提供給生活貧困者的最後一道安全網是「低收入戶補助」。當個人可以使用的現金等資產和勞動力等所有資源用在生活費上也無法維持最低限度的生活，便能申請低收入戶補助。申請時，地方政府會調查個人收入與資產，確認其他家屬「能否扶養申請人」。日本的《民法》規定「親子、夫妻、兄弟姊妹」有扶養義務。儘管受扶養權利者有數人，扶養義務則有親疏遠近之分，「連一片麵包都得分著吃」的扶養義務僅限少數。家長在子女成年之前必須提供「和自己相同程度的生活水準」，等到子女成年之後則以維持自己的生活為優先，有餘力再扶養子女即可。

日本的老年基本保證年金規定，必須符合繳滿規定期限等條件，才可於年滿六十五歲時開始領取。法律規定無力繳交保費時可以申請減免，例如子女無業等情況即可考慮申請。

至於「壽命」，長照保險制度的目的是，當受保人因高齡而罹患身心變化所造成的疾病，並導致入浴、排泄、進食等日常生活需要他人協助時，便給付所需的照護服務。本書也介紹了父母利用長照服務促成子女獲得外界援助。家長因為自己邁入晚年，積極使用長照服務也能避免全家陷入孤立。

再來是「暴力」，子女繭居的個案中，據說一到兩成會對家人暴力相向。齋藤表示面對家庭暴力時，最重要的是貫徹「徹底反對暴力」的態度，基本方針是「公開、報警、避難」。厚生勞動省於二〇一〇年頒布的《繭居評估與支援方針》指出，極可能自殘或傷害他人時，可以使用《精神保健福祉法》所制定的行政機關命令，強制住院[3]與醫師同意住院等醫療安置制度。

如何拯救極限家庭？

日本在一九九〇到二〇一〇年代之間出現許多新名詞，例如想結婚的「婚活」、想完美結束人生的「終活」、想懷孕的「孕活」，以及想把孩子送進公立托兒所的「托活」。無論是結婚、生子還是托兒，都不再像過去那樣順其自然，必須做出抉擇，採取行動，否則無法實現。

然而，**想要建立何種家庭與如何生活，個人真的有選擇的自由嗎？現代社會的生活方式的確日益多元化，選擇的前提卻一點也不平等。**

大家看到虐童事件總會感同身受，正是因為孩子無法選擇父母。日本政府儘管速度緩慢，還是慢慢建立起保護兒童的體系，好讓這些出生於不幸家庭的孩子也能安心生活。

回想起一九九〇年代，相信不少人都認為：「父母怎麼可能虐待自己的親生孩子？日本一定沒有嚴重的虐童問題。」然而日本的《防止兒童虐待法》成立於二〇〇〇年，同一年成立的還有長照保險制度，這代表一

3 蔡伯鑫醫師特別補充，在臺灣根據《精神衛生法》，必須有「與現實脫節之怪異思想及奇特行為」（指醫療健康行為的處理能力，而非一般日常生活自理），致不能處理自己事務的嚴重病人才足以構成「強制住院」，因此臺灣的繭居問題很難走上強制住院這條途徑。然而若確實注意到家人有自殘或傷害他人風險時，可聯絡警消人員至現場評估，啟動「強制就醫」，到院後再由精神科醫師協助判斷是否有任何症狀表現達強制住院之可能。若介於強制邊緣或需更多時間判斷，《精神衛生法》亦訂有「緊急安置」，可在違背病人意願下強制住進精神病房，持續相關評估並同步進行申請強制住院程序，此「緊急安置」最長以五天為限。

般認為家務事的育兒和照護都需要行政支援。這三十年來的時代變化緩緩推翻了過往的常識。

過去鄰里互相扶持，大家都是當地社會的一分子。現在則逐漸轉換為小家庭，家務事不容他人置喙的價值觀也因而普及。這種家庭型態出現於第二次世界大戰結束之後。然而，小家庭不是只有家人相互扶持，真正從各方面支持家庭的，其實是戰後以企業為中心的社會，而現在企業已經無法保障員工的生活。無論是育兒還是照護，單憑家屬個人負起責任可能導致家庭瀕臨「極限」。日本政府因此記取教訓，建立了各類社福制度。

八〇五〇問題正是時代變化中乏人關心的一塊。這些家長視戰後形成的小家庭為理想的家庭型態，並依此養育子女。他們早在政府建立育兒支援與青年就業輔導等支援體系之前便當上父母，「子女獨立是父母的責任」的觀念在心中根深柢固。如今，父母被送進長照機構與銀髮族離婚都已成為常態，因此對子女灌注親情、負起責任，可說是家庭中最後一塊不容他人侵犯的聖地。

在此情況下，愈來愈多家庭因為親子只能彼此扶持忍耐，最後一家人的體力與金錢耗盡而一同倒下。現在不僅得拯救每一個瀕臨極限的家庭，還得思考何謂符合新時代的家庭型態。

跨越「親子依賴共生」的方法

過去的繭居支援與青年支援都以戰後的小家庭模式為前提。這種家庭觀念鼓勵子女依賴父母，等到子女成長之後要求他們以父親或母親作為學習典範，賺取足夠的薪水以自立門戶。所謂的自立指的是失去雙親建立的生活基礎，自己養活自己。

然而經濟能力不足以自立門戶時，就算和父母同住造成嚴重的心理負擔也無法搬離原生家庭。父母看似渴望尋求外援，其實還是想自行支援子女。倘若強迫子女一定要自己建立新的生活基礎，自然會陷入孤立無援。

在此情況下，小兒科學者熊谷晉一郎針對自立的觀念提出嶄新的建議：增加依靠對象。這個建議隱含許多提示。正因為可以依靠的對象有限，才會導致家屬撐到極限，最後發生悲劇。**勉強孩子自立自強卻無人可依靠，最後遇上問題只會落得孤立無援。家庭不仰賴其他社會網絡，單憑自己的資源生活也可說是一種孤立無援。**

有一個名詞叫作「依賴共生」，又稱為「共依附」(Codependency)。周遭的人過度支援需要協助的人，反而妨礙本人自立。本書特意不使用「依賴共生」一詞，不過相信許多人看到這些家長無法放棄身為父母的責任，持續養育子女，第一個想到的應該就是這個名詞。教育評論家尾木直樹指出，現在十多歲的孩子愈來愈少出現反抗行為、許多孩子進入青春期還是和父母一起洗澡，這些情況可能都出於「依賴共生」。

然而批判家庭內部的依賴共生關係無法解決問題，會出現這種情況正表示現代社會缺乏家人以外可以依靠的對象。與其煩惱無法自立，結果陷入孤立，不如增加家人以外可以依靠的對象，從瑣碎的煩惱開始分享，一起思考解決的點子。

數十年後回顧發生於川崎市與練馬區的慘劇時，筆者期盼這兩起事件已經成為跨越家庭束縛、創造新家庭觀的契機，不再出現任何全家一起倒下的悲劇。

本章的最後也延續第三章，由非營利法人柳橙之會的代表理事山田孝介執筆介紹陪跑型支援的個案。

由於家有繭居子女，父母自行放棄享受生活，有時甚至甘願承受孩子施暴，明明已經邁入高齡卻無法思考該如何安排自己的晚年。在此想再次重申，為了提升繭居狀態者與每位家屬的生活品質，考量支援方案之前必須蒐集關於整個家庭的資訊。

當年邁的雙親精神不堪負荷或經濟能力不復以往，繭居狀態者與整個家庭都可能陷入孤立。有時拆解家戶單位，各自獨立，重建生活基礎才是最好的解決辦法。

至於陷入繭居狀態的子女並非無助待援的對象，年邁的父母和支援端一起討論今後的方向時也邀請子女參加，有助於恢復自信與自主判斷能力。

如何支援整個家庭沒有標準答案。以下藉由山田支援的個案，嘗試思考如何為不知不覺陷入封閉狀態的家庭人際關係，打開一扇新門窗。

支援個案C　案主：齊田亨（化名，二十多歲）

父親齊田智樹與妻子峰子（皆化名、五十多歲）屢屢遭到繭居在家的兒子亨施暴，我告知報警與避難等解決方式。為了避免暴力事件再度發生，齊田夫妻決定與兒子分開生活。

繭居原因

亨國中畢業就進入家鄉的修車廠工作，一個月後因為人際關係而離職。他不擅長溝通，老是受到職場前輩嘲弄，令他痛苦不堪。

父親智樹無法接受，為此斥責兒子。結果亨朝父親扔杯子，擊中眉梢。接下來他傾訴了一整晚自己的過往，包括過去遭到霸凌、向父親商量卻不被當一回事等等。聽完兒子訴苦，齊田夫妻大受打擊，開始學習聆聽兒子的心聲與意願，心想這樣他就能打起精神。然而現實情況卻是亨從此向兩人伸手要錢，要不到錢就拳打腳踢。

「我已經沒辦法在外面正常工作了，會變成這樣都是你們害的。」

這句話變成亨的口頭禪。兒子的變化令母親峰子大受打擊，卻也變得言聽計從，只要兒子開口要電玩遊戲或漫畫便立刻雙手奉上。智樹嘗試與兒子討論未來，卻遭到妻子制止，要求他「不要刺激兒子」。智樹無計可施，只能任由這種日子一天一天過下去。

繭居情況

智樹那天守在辦公室門口，等待我來上班。我請他進到辦公室說明情況，得知夫妻倆無法解決兒子的家庭暴力問題，希望我伸出援手。當時他的臉上有好幾處瘀青，眼睛也腫起來。這是因為前一天深夜，兒子和他吵架時又動手，他出手抵抗，結果雙方鬧得不可收拾。峰子介入仲裁，要求智樹先離開家一趟。他於是自己在公園過了一夜，天亮了就直接來到我的辦公室。

聽完事情經過與施暴狀況，我先告知智樹該如何處理。首先是注意言行不要刺激兒子，遭遇暴力時必須強調不能接受暴力。當兒子施暴，不要以暴制暴，先離開現場，嚴重時報警。我要求他採取行動之前一定要與我聯絡，因為一旦避難或報警之後，家人再次聯絡子女的時機與當下的言行會大幅左右日後的相處情況。他似乎感到一線生機，表示回家後會和妻子商量便離開了。

支援方式

一個月後，我突然想到齊田家現在不知情況如何，於是聯絡智樹，恰好他也正想找我商量。

「兒子在那之後又對我們拳打腳踢好幾次。當下我想過報警，可是一想到兒子可能會恨我們一輩子，我就做不下去。要是我們逃走或是報警，然後把事情鬧大了，也會給鄰居添麻煩。」

我先向智樹介紹家屬互助會，因為單憑支援人員的力量難以改變父母的心態。而加入家屬互助會，能與有相同煩惱的家長定期聚會，並從中學習如何應對繭居問題。許多家屬都有過避難或報警的經驗，聆聽他們的經驗，也能想像自己實際採取行動時的情況與應對。齊田夫妻於是開始定期參加家屬互助會。

與此同時，我也持續和齊田夫妻定期面談，感覺兩人受到家屬互助會的影響，慢慢湧起向外求助的心情，不再把家暴問題視為家醜。

由於亨的施暴行為已經是慢性狀態，智樹租了得以避難的公寓，也通知親戚不要告訴兒子公寓地址。正當智樹準備著手避難，恰好亨嫌他製造噪音而要對他動手，當下他立刻和妻子逃往公寓。此時，我告知兩人關於避難的三大方針：

①和亨聯絡，告訴他如果不改變施暴習慣就不會回家。

②告訴亨會保障他的生活。

③告訴亨父母年事已高，有些事情無法自行解決，正在和支援團體（我所經營的非營利法人）商量。

智樹擔心亨聽不下去，所以寫成一封信，請我轉交給本人。然而亨沒有檢查信箱的習慣，我擔心他根本沒收到信，於是按了門鈴。他立刻開了門，看到只有我一個人站在門口很驚訝。

我告訴亨來訪的理由，他向我低頭道歉，態度客氣：「不好意思，給您添麻煩了。」這副模樣和齊田夫妻的描述大相逕庭。我本來以為他會激烈質問：「我爸媽去哪裡了？」他卻冷靜敘述這次事情的經過與內心的苦楚，例如後悔對父母施暴，施暴後心情鬱悶卻又忍不住不動手等等。我把智樹的信交給亨，他向我坦白：「每次看到爸媽總是控制不了情緒。」我建議他暫時和父母分開，日後再解決經濟問題。

我向智樹回報和亨見面時的情況，他非常苦惱地告訴我：「醫生說我媽媽病倒了，需要有人照護。我是家裡的獨子，現在為了照顧我媽還得辭去工作，也沒有餘力幫助兒子了。」我聽了之後告訴他先以自己的生活為優先，硬撐下去可能會全家一起垮。他於是開始釐清做得到與做不到的事，並與我討論能否利用社會福利資源。

另一方面，我理解亨的健康狀況與今後期望後，向他說明可以申請哪些社會福利制度。他說自己到了人潮擁擠的地方會心悸與呼吸困難，回到家一定累到臥床。我陪同他去醫院接受檢查，診斷結果是現在的狀態不便求職。儘管當下造成心理不安的最大原因是經濟壓力，他卻無法立即應徵一般公司的工作。

亨之後冷靜下來，參加「就業移行支援」的就業輔導，並找到工作。他思考過和父母同住，卻擔心可能還是會為了瑣事而對父母拳腳相向，於是離開老家獨自生活。由於單憑個人收入無法養活自己，他領取低收入戶補助，自立門戶。齊田夫妻也回到原本的家。

支援端分析

不少家屬像齊田夫妻一樣經年累月遭受子女的家庭暴力。第一次遭受暴力時家人往往無法採取毅然決然的態度，導致子女的暴力行為慢性化，外界也更加難以介入。我建議夫妻倆加入家屬互助會，協助他們下定決心避難或通報。為了防止暴力事件再度發生，父母和兒子都選擇分開生活。

協助繭居狀態者自立不一定要全家總動員，有時也必須考慮拆解家庭，各自生活，以保障個人的生活品質。

支援個案D　案主：畠山明彥（化名，五十多歲）

明彥曠職又欠繳房租，後來由父親畠山昭吉（化名，八十多歲）帶他回老家。母親一繪（化名，八十多歲）患病需要人照護，全家人都承受巨大的壓力。

繭居原因

明彥大學畢業後在首都圈找到工作，開始獨自生活，幾乎不曾與家人聯絡。

出社會工作三年之後，父親昭吉接到陌生公司打來的電話：「您兒子沒來上班，請問發生什麼事了嗎？」由於對方提到的公司名與明彥之前說的完全不同，他想向兒子確認卻又一直聯絡不上。打電話到原本從兒子口中聽到的公司，這才知道原來他早就離職了。

昭吉擔心起來，於是造訪明彥住的公寓，打開門的是髮長及肩的兒子。原來他進公司後經常犯錯，失去自信便離職尋找新工作，而且不斷重複這樣的生活。現在則是拒絕上班，又拖欠房租，隨時可能被房東趕出家門。夫妻倆判斷兒子無法繼續獨自生活，結清房租後把他帶回家。

繭居情況

昭吉前來找我商量時，膝蓋罹患嚴重的類風濕性關節炎，必須撐著枴杖才能行走。他表示希望透過我的協助，讓陷入繭居狀態的兒子能夠自立生活。

明彥當年剛回家時，很有心要找工作，卻屢屢碰壁，不被錄取。有一天，他突然像斷了電的機器人，再也無法從被窩中起身，生活作息也變得日夜顛倒，只有吃飯時才會離開房間，醒著的時候多半躲在被窩裡。昭吉看不下去，斥責兒子，最後兩人扭打起來。此後明彥看到父親不再開口，這種情況已經持續二十年以上。

家中會和明彥聊天的只有母親一繪，兩人的關係較為融洽，明彥有時還會陪她出門購物。然而去年母親罹患癌症，切除病灶後，預後狀況不盡理想，現在仍舊持續接受抗癌藥物治療。

和癌症病魔搏鬥以來，一繪無法像過去一樣顧及家事。明彥雖然也會幫忙，卻總是半夜出門購物，大概是因為見到父親很尷尬吧？而昭吉也忍著腳痛做不擅長的家事，負擔相當沉重。家中環境不知不覺變得凌亂不堪，也令昭吉煩躁不安。

支援方式

我之後造訪畠山家，想了解更多詳情。踏入家門卻發現玄關堆滿打包好的垃圾，臭氣沖天，客廳地板上處處是一疊疊小山似的報紙，文件、廣告傳單、藥袋四散在桌上。昭吉向我說明家中情況：「這裡的東西其實都是要丟掉的，但是丟了兒子又會生氣，說這些東西都很重要，他要留著。你去看看他的房間，比這裡還誇張！」

我想聽聽明彥的說法，於是請昭吉代為請他露面。明彥無視於父親的呼喚，昭吉則拚命想把沒反應的兒子從房間拉出來。然而勉強繭居狀態者向外求助，容易招致反效果。我於是寫了一封信，連同公司的刊物一併放在他的房間門口就離開了，以免造成他的心理負擔。

昭吉之後打電話來：「你那天離開之後，兒子沒再大吼大叫了。他也沒把你的雜誌丟到垃圾桶，大概自己心裡也有些想法吧！現在最辛苦的是內人，抗癌藥物治療可能得增加次數，每次治療都得住院。也因為醫療費暴增，現在家計負擔很沉重。」昭吉打算把房子和自己收藏的骨董統統賣掉來支付醫藥費，講話也開始變得前言不對後語。

為了確認一繪的治療情況，我和醫院社工一起拜訪昭吉，因為畠山夫妻的情況或許符合減免醫藥費的條件。社工任職於目前一繪接受治療的醫院，他表示療程需要一段時間，醫藥費隨著時間拉長而增加。我說明畠山家的經濟狀況後，社工馬上確定可以減免醫藥費，立刻為一繪申請。不僅能拿回之前支付的部分醫藥費，今後的醫藥費也會控制在一定額度。

昭吉向我們表示：「我在醫院走廊上看到宣傳海報寫著：『如果無力支付醫療費用，歡迎隨時找我們商量。』我一直以為那是家境貧困的人才需要的制度，跟自己沒有關係，原來我家已經在不知不覺中淪落到這個地步了。」

然而一繪的醫藥費才減免沒多久，又換成昭吉出事了。他想拿吊櫃裡的調味料，結果在椅子上沒站穩，一個不小心跌了下來。幸運的是並未骨折，但不幸的是由於過於疼痛，必須以輪椅代步。和主治醫師商量後，他決定申請長照保險的居家長照服務。而就在此時，明彥的行動出現變化。他本來都躲著昭吉生活，現在則會顧及父親必須以輪椅代步，有時主動招呼他。

明彥後來告訴我下定決心和我見面的原因：「有一次我翻了我爸放在餐桌上的存摺，發現存款數目比我想像的少很多。當下我質問我爸，他突然哭了。他平常總是怒氣沖沖，這是我第一次看到他流淚。我才知道，我家真的是『撐不住』了。」眼看著家人日漸疲勞，家計也日益困乏，明彥的心境出現變化。他自己不知該如何是好，於是開始思考向外求助。他表示如果沒有家人和周遭的催促，也許會導致最糟的後果。

後來明彥加入依據《生活貧困者自立支援法》成立的職前訓練「就業準備支援事業」。當地地方政府安排的職前訓練是，每週去長照機構打掃幾天，先調整作息，重新習慣白天活動，同時學習如何與機構職員溝通，以便日後進入一般企業就業。

明彥參加了幾週的清掃活動，然而久違的外出累積了許多壓力，有時會曠職。昭吉因此責備他，兩人又發生衝突。昭吉近來心情起伏劇烈，可能是因為必須仰賴輪椅移動，無法像過去一樣自由行動。貼身照護的長照人員表示開始出現失智的症狀。

支援端分析

面對八〇五〇家庭，有待解決的不僅是子女陷入繭居狀態，還有父母各自的身體狀況、家中經濟拮据、居住環境惡化等多重問題。家中支柱為了全家孤軍奮戰，一旦筋疲力竭而倒下，難保整個家庭不會一起垮。支援端該做的是，視整個家庭為一體，依照問題的緊急程度逐一解決。此例個案正是親子各自煩惱卻也一同摸索穩定生活的辦法。

結語

おわりに

孤立無援可能發生在你我身上

「為什麼現在繭居族高齡化和八〇五〇問題如此嚴重呢？」報社與電視臺記者這兩三年來採訪我時，總會提出這個問題。詳情如同本書所述，人口結構變化與青年就業環境惡化等多重因素，導致這些問題於現在爆發。

過去曾經認為繭居問題只會發生在年輕人身上。然而多重因素導致繭居狀態長期化與繭居人口高齡化，繭居問題變得更為複雜，外界想要協助這些孤立無援的人也並非易事。

「做父母的究竟要當父母當到哪一天呢？」

「為了照護年邁的雙親而辭去工作，之後該如何重返職場呢？」

「我家親子關係有問題，漫漫晚年該如何度過呢？」

每次聽到全家一起倒下的新聞時，採訪的記者總是代替眾人提出種種不安。我深深感覺現代的日本人都和孤立無援比鄰而居。

不了解八〇五〇問題的實際面貌

有些人把八〇五〇問題視為單純的「成年人繭居問題」。筆者每次看到這種分析總是焦躁不安，希望眾人能更為了解八〇五〇問題的性質與真相。

「繭居」「尼特族」「打工族」等各類說明社會現象的嶄新名詞都出現於平成時代，也就是約莫起源於一九九〇年代。然而日本政府針對年輕人提出的就業輔導等政策並未充分解決這些問題，尚待解決的課題層層累積至今，我們現在可說是被迫面對當年「沒擦乾淨的屁股」。

日本缺乏協助脫離常軌的人重返社會的制度。由於欠缺介於兒童與長者之間的青壯年支援體系，這些人出了事只能靠家人支撐。日本人根深柢固的家庭觀念是，子女成年之後仍舊由父母負責。不得不承認社會表象容易變化，扎根於心底的文化與情感卻不易改變，因此本書日文書名為《八〇五〇問題的深層》。

八〇五〇問題具有多種面向，尚未釐清適合個人的解決方案。許多人開始認知到這是切身的課題。筆者深切期待以此時為起點，掌握八〇五〇問題的真實情況，推動支援體系。

在此感謝協助調查研究的各方大德。曾經陷入繭居狀態的過來人與家屬，以及支援端分享的真實經驗，都成為本書有形或無形的基礎。

此外，筆者近二十年來的研究都仰賴文部科學省所補助的科學研究費，厚生勞動省委託非營利法人「ＫＨＪ全國繭居狀態者家屬會聯合會」執行的社會福祉推動事業，也推動社福組織開始正視繭居狀態長期化與繭居人口高齡化的課題。

非營利法人「柳橙之會」代表山田孝介於本書提供許多第一線支援人員實際接觸的個案。

最後感謝NHK出版的祝尚子女士，是她建議緊急出版本書。繭居與八〇五〇問題都缺乏簡單易懂的正確答案。雖然執筆時間有限，途中又停筆了好幾次，多虧了祝女士從未放棄，屢屢提示筆者下一步。

但願本書能助所有孤立無援的人一臂之力，筆者就此擱筆。

川北稔

二〇一九年八月

主要參考文獻

おもな参考文献

第一章

• 內閣府《生活狀況調查報告（平成三十年度）》（二〇一九年公布）

• 內閣府《青壯年人口生活調查報告（平成二十七年度）》（二〇一六年公布）

• 厚生勞動省《針對十歲至二十九歲「繭居狀態者」之地區精神保健活動方針》（二〇〇三年頒布）

• 厚生勞動省《繭居評估與支援方針》（二〇一〇年頒布）

• 川北稔〈隱約的生活困難與家庭——透過繭居問題重新建立父母角色〉《家庭研究年報35》（家庭問題研究會，二〇一〇年）

• 文部科學省〈主要發展障礙定義〉《特殊教育》〈http://www.mext.go.jp/a_menu/shotou/tokubetu/004/008/001.htm〉

• 日本LD學會編纂《LD、ADHD相關術語集（第四版）》（日本文化科學社，二〇一七年）

• 文部科學省〈疑似發展障礙，需要特殊教育的一般班級學生調查結果〉《特殊教育》（二〇一二年公布）

• 齋藤環《繭居青春：從拒學到社會退縮的探討與治療》（繁體中文版為心靈工

坊，二〇一六年）

• 非營利法人ＫＨＪ全國繭居狀態者家屬會聯合會《長期化且高齡化之繭居狀態者和家屬的有效支援對策與繭居狀態長期化且繭居人口高齡化過程調查研究事業　報告》（二〇一七年發表）

• 春日Kisuyo《活到一百歲的覺悟：超長壽時代的生存法則》（繁體中文版為八方出版，二〇二一年）

第二章

• 每日新聞〈向市政府商量「繭居傾向」〉（二〇一九年五月三十日刊行）

• 時事.com新聞〈攻擊兒童的嫌犯有「繭居傾向」：親戚向市政府諮詢，不曾實際接觸——川崎市隨機殺人事件〉（二〇一九年五月二十九日）

• 春日Kisuyo〈需求為何潛在化？高齡者受虐問題與「兒子」逐漸成加害人〉上野千鶴子與中西正司編纂《邁向需求為中心的社福社會——當事人主權的新世代戰略》（醫學書院，二〇〇八年）

• 非營利法人ＫＨＪ全國繭居狀態者家屬會聯合會《應對與預防長期化且高齡

化之社會孤立者（繭居狀態者）所產生的「推動地區繭居支援體制的家庭支援」理想狀態研究　地區綜合支援中心處理「八〇五〇」個案調查　報告》（二〇一九年公布）

• 藤森克彥《單身人士急速增加的社會的希望——如何建立互助合作的社會》（日本經濟新聞出版社，二〇一七年）

• 內閣府《平成二十八年版　少子化社會對策白皮書》（二〇一六年發表）

• 下田裕介〈第二次嬰兒潮世代的真實情況：造成「不幸世代」的日本經濟與社會所面臨的課題〉（日本總研《JRI review》VoL.5, No.66, 2019）

• 內閣府「平成二十六年度　獨居高齡者意識調查」（二〇一五年公布）

• 岸惠美子《現場報告　垃圾屋的居民——造成孤獨死的「放棄照顧自己」的實際狀況》（幻冬社新書，二〇一二年）

• 非營利法人ＫＨＪ全國繭居狀態者家屬會聯合會《藉由潛在化之社會孤立問題（繭居長期化與尼特族等）的體制內外相關支援所執行的「發現、介入、守護」調查研究事業　報告》（二〇一八年公布）

• 厚生勞動省「自立諮詢支援事業施行狀況與委託團體一覽」（二〇一八年七月）

第三章

- 文部科學省《學生指導提要》（二〇一〇年頒布）
- 長野縣繭居支援中心《繭居支援手冊》（長野縣精神保健福祉中心，二〇一二年）
- 厚生勞動省《繭居評估與支援方針》（二〇一〇年頒布）
- 井上慧真《比較英日兩國的青年支援——以社會資本的觀點》（晃洋書房，二〇一九年）
- 佐賀新聞〈佐賀縣成立支援中心〉（二〇一七年五月十六日刊行）
- 南日本新聞〈萎縮的尼特族支援〉（二〇一六年十月二十三日刊行）
- 山梨日日新聞〈房門的另一邊　思考山梨的繭居〉（二〇一七年三月十八日刊行）
- 非營利法人KHJ全國繭居狀態者家屬會聯合會《藉由潛在化之社會孤立問題（繭居長期化與尼特族等）的體制內外相關支援所執行的「發現、介入、守護」調查研究事業　報告》（二〇一八年公布）
- 朝日新聞〈找到歸屬，重現笑顏〉（二〇一九年六月十六日刊行）
- 金子努《何謂「地區綜合照護」——在住慣的地方住上一輩子需要什麼？》（幻冬社RENAISSANCE新書，二〇一八年）

第四章

- 內閣府《平成二十八年度　高齡社會白皮書》（二〇一七年發表）
- 春日Kisuyo《活到一百歲的覺悟：超長壽時代的生存法則》（繁體中文版為八方出版，二〇二一年）
- 湯澤雍彥、宮本道子《新版　從資料看家庭問題》（NHK出版，二〇〇八年）
- 博報堂生活綜合研究所《消費者的平成三十年史》（日本經濟新聞出版社，二〇一九年）
- 博報堂生活綜合研究所「家庭三十年變化」調查結果〈https://seikatsusoken.jp/family30data〉
- 統計數理研究所「日本國民民族性調查」〈https://www.ism.ac.jp/kokuminsei〉
- 文部科學省「學校基本調查」
- 日本學生支援機構《平成二十六年度　學生生活調查報告》（二〇一六年公布）
- 尾木直樹《親子依賴共生》（POPLAR新書，二〇一五年）
- 住宅政策提案與討論委員會《青年住宅問題——住宅政策提案書〈調查篇〉》（BIG ISSUE基金會，二〇一四年）

‧全國繭居狀態者ＫＨＪ家屬會（家屬會聯合會）《繭居實際情況與培養、派遣同儕互助員之問卷調查報告》（二〇一五年）
‧岩上真珠編著《「年輕人與父母」的社會學——思考單身階段的自立》（青弓社，二〇一〇年）
‧春日Kisuyo〈需求為何潛在化？高齡者受虐問題與「兒子」逐漸成加害人〉上野千鶴子與中西正司編纂《邁向需求為中心的社福社會——當事人主權的新世代戰略》（醫學書院，二〇〇八年）
‧廣田照幸《日本人的管教衰退了嗎？「教育家庭」的去向》（講談社現代新書，一九九九年）
‧大和禮子《成年親子的同居、近居、援助——夫妻個人化與性別分工之間》（學文社，二〇一七年）
‧岩間曉子、大和禮子、田間泰子編著《從提問開始的家庭社會學——朝向包容家庭型態多樣化》（有斐閣，二〇一五年）
‧本田由紀《重新連結社會——朝向教育、工作、家庭攜手》（岩波書店，二〇一四年）

• Mark Ragins (2010.11) *A Road to Recovery*. Mental Health America of Los Angeles
• 熊谷晉一郎〈分散依賴對象型自立〉村田純一編纂《智慧生態學回轉　第二卷　技術——環繞於身邊的人工環境》（東京大學出版會，二〇一三年）

「支援個案」作者與案例提供

山田孝介

一九八四年出生，非營利法人柳橙之會代表理事。二〇〇四年於愛知縣名古屋市開始支援繭居狀態者，二〇一三年起擔任目前的職務。支援活動包括協助家屬互助會營運、進行家庭訪問、建立歸屬、提供就業輔導等，從多方面著手解決繭居問題。

80/50兩代相纏的家庭困境

8050問題の深層：「限界家族」をどう救うか

作者　川北稔（Kawakita Minoru）
譯者　陳令嫻
審定　蔡伯鑫
主編　陳子逸
設計　許紘維
校對　渣渣
特約行銷　劉妮瑋

發行人　王榮文
出版發行　遠流出版事業股份有限公司
104臺北市中山北路一段11號13樓
電話／(02) 2571-0297
傳真／(02) 2571-0197
劃撥／0189456-1
著作權顧問　蕭雄淋律師

初版一刷　2021年10月1日
定價　新臺幣360元
ISBN　978-957-32-9287-6

遠流博識網 www.ylib.com　YLib.com 遠流博識網

國家圖書館出版品預行編目（CIP）資料

80/50 兩代相纏的家庭困境
川北稔 著；陳令嫻 譯
初版；臺北市：遠流出版事業股份有限公司；2021.10
268 面；14.8 × 21 公分
譯自：8050 問題の深層：「限界家族」をどう救うか
ISBN：978-957-32-9287-6（平裝）

1. 社會 2. 社會問題 3. 家庭 4. 日本

540.931 110014447